いくつになっても恥をかける人になる

コピーライター・PRアーキテクト
中川諒

はじめに

できることなら、誰だって恥はかきたくない。しかし、考えてみてほしい。「恥」はあなたの敵ではない。今恥ずかしいと感じているとしたら、それは、あなたが新しいことにチャレンジできている証拠なのだ。言いかえれば、恥はチャンスの目印になる。

あなたの前に2つの分かれ道があるとしよう。一方はこれまでのやり方で乗りきれそうな、無難な道。もう一方は、「うまくいかなかったら恥ずかしい」と感じる道だ。迷ったら、後者を選んでみよう。あなたはたったそれだけで、新しい経験を得ることができる。そう、恥は誰でも無料でできる「投資」なのだ。

僕が恥という感情に興味を持ったのは、こんなやりとりがきっかけだった。

「いいんだよ。若いときはいっぱい恥をかいて！」

新人のＡ君が企画打ち合わせに持ってきた自分の案をたどたどしく説明している姿を見て、先輩はそう言った。それを横で聞いていた僕の違和感が、この本を書くきっかけになった。

先輩はＡ君をおとしめようとしていたわけではもちろんない。新人の背中を押してあげるつもりだったんだろう。でも僕にはＡ君が傷ついたように見えた。表では笑顔で「すいません、全然ダメな企画なんですけど」とヘラヘラしながら、時間をかけて考えたはずの企画書を机に一枚一枚並べるその手はわずかに震えていた。

先輩が良かれと思って発した何気ない一言で、Ａ君の努力はいつの間にか「恥ずかしいもの」になってしまったのだ。

●「かっこ悪い」「恥ずかしい」の向こう側にあるもの

「こんなはずじゃなかった」「もっと活躍できると思ってた」

もしかしたらあなたは今こんなモヤモヤを抱えているかもしれない。僕も間違いなくその一人だった。

広告会社の電通に入り、入社前から希望していたクリエイティブ部署にようやく異動できたのは、入社8年目の夏だった。それまで毎日、「こんなはずじゃなかった」と思っていた。他人をうらやましく思い、自分の〝不運な〟境遇ばかりに目が向いて、鬱々とした日々を過ごしていた。「頑張っていれば、いつか誰かが見つけてくれる」。なんとか自分にそう言い聞かせながら、自分なりに頑張っていた。そして気づけば、あっという間に7年が過ぎていた。

今振り返ると、完全に人任せな考え方をしていたと思う。希望が叶わないまま7年目も後半にさしかかり、転職を本格的に考え始めたときに、ようやく自分の中で何かが変わった。

誰かに見つけてもらうのを待っていたそれまでは、自分をアピールするのは「恥ずかしいこと」だと思っていた。しかし今の環境から外に目を向けてはじめて、自分には何も失うものはないということに気づいた。そこからは、打ち合わせにクリエイティブ部署の先輩や後輩よりもたくさんの案を持っていったり、自発的に企画のアドバイスをもらいにいったり、無理を言って一人で新入社員のクリエイティブ研修に混ぜてもらったりと、「かっこ悪いこと」もできるようになった。自分から「恥ずかしいこと」をできるようになったのだ。

そうしているうちに、所属する営業部署の仕事をしながら始めた自主プロジェクトがグッドデザイン賞やコピーライターの登竜門と呼ばれる東京コピーライターズクラブ新人賞などの賞を獲って、風向きが変わり始めた。そして僕は8年目にしてようやくコピーライターという肩書の名刺を手にした。

「Hi, I'm a copywriter from Japan. I will write your name in Kanji.」

翌年の夏、僕はフランスのカンヌにいた。世界最大の広告クリエイティブの祭典「カンヌ国際クリエイティビティフェスティバル」内で行われた「ヤングクリエイティブアカデミー」に参加するためだ。若手広告クリエイターの育成を目的に、世界中から25人が選抜された。その中の一人に選ばれたのだ。

アカデミーの開催期間は5日。そんな短期間で、世界のトップランナーである講師陣や文化も母国語も違うメンバーたちに、どうしたら初対面で興味を持ってもらえるか――そんなことを考えながら渡仏した。

そしてやってきた、自己紹介タイム。順番が回ってきて、僕は宣言した。

「私は日本のコピーライターなので、あなたの名前を日本語に変換します」

全員の名前を漢字の当て字で書くことにしたのだ。

まず、事前に調べておいた講師の名前を漢字にして、その字の意味をストーリー仕立てにして紹介した。さらにお土産として100円ショップで買い占めた筆ペンを参加人数分持参した。

この自己紹介、思いついたはいいが本当に実行するか直前まで迷っていた。英語の下手な日本人が、世界中から集まったトップクリエイターの前で少し変わった自己紹介をする。スベったらかっこ悪いし、恥ずかしい。必要最低限の情報だけ話せばいいかなとも考えた。しかし僕には「迷ったら、恥ずかしいほうを選ぶ」というマイルールがある。

この自己紹介をきっかけに全員と会話する機会をつくることができた僕は、世界中に友達ができた。参加者のオーストラリア人とは、その年の冬に彼のメルボルンの家に泊まりに行くほど親交を深めた。

●「理想の自分」と「現実の自分」のギャップ

わたしたちは自ら思い描いている「理想の自分」と、そのとおりにならない「現実の自分」とのギャップに恥を感じてしまう。

たとえばわたしたちが会議やセミナーなど多数の人前で質問するのが恥ずかしいのは「頭のいい質問をする人」だと思われたいにもかかわらず、自分が納得できる「いい質問」が浮かばないからだ。打ち合わせで半ば強制的に求められるまで自分の意見を言い出せないのは、「きちんと考えている人」だと思われたいにもかかわらず、自分が納得する「独自の意見」が浮かばないからだ。

無意識に「尊敬されよう」とする気持ちが、わたしたちを「恥をかくこと」から遠ざけてしまうのだ。

恥は知らないうちにわたしたちのチャンスを奪う、魔物だ。

今わたしたちが生きる時代は昔に比べて恥をかくハードルの高い時代だともいえる。背景には他人の評価が簡単に可視化されてしまうようになったことがある。

自分が何かを発信すると、SNSではリアルタイムに「いいね」の数とコメントが反映される。誰も「いいね」をくれないこともある。返ってくるリアクションは必ずしもポジティブなものばかりとは限らない。知らなくてもよかった不特定多数の他人の意見や感想が見えるようになってしまった。そしてわたしたちはその他人の目を無視することはできない。

また、世界中の情報に簡単にアクセスできるようになったことで、相対的に自分の「不出来さ」が目につくようになった。どんな領域にも若くて才能のある人がすでにたくさんいる。そんな遠いどこかの人たちと自分を比較して、「今さらわたしなんかが恥ずかしい」と二の足を踏んでしまう。この本を手にとっている、あなたのような真面目な人ほど、おそらくこの傾向は強いだろう。

恥はチームの生産性にも影響を及ぼすようだ。さまざまなプロダクトやサービスを次々と世に送り出し、わたしたちの生活を便利にしてくれるGoogleという会社を皆さんはご存じだろう。

同社が生産性について社内調査をした結果、「生産性の高いチーム」に共通していたのは、強烈なリーダーシップでも合理的な作業プロセスでもなく、なんと「心理的安全性」だった。打ち合わせに参加するメンバーが気兼ねなく話せるだけの心理的な安全性、つまり「皆が恥をかける環境づくり」がチームの生産性に大きく貢献していたのだ。

クリエイティブな仕事は、恥と向き合うことの連続だ

創造性は恥の先にある。なぜなら「クリエイティブである」ということは、今までと違うという状態のことだ。これまでの常識や予定調和から脱却する恥を乗り越えられなければ、本当にクリエイティブなものは生まれないのである。

実際、僕の本業である広告の仕事は、自分の恥と向き合うことの連続だ。どんなＣＭやポスターで商品が売れるのか商品やブランドによって変わるため、毎回の仕事がオーダーメイドのこの仕事には明確な「正解」は存在しない。結果的に、捻り出す企画にはこれまでの自分の生活での気づきや価値観、趣味趣向が大きく反映される。何を面白いと感じるのか、何をかっこいいと感じるのか、何をかわいいと感じるのか。企画を通して自分の価値観をさらけ出すことになる。

しかも企画打ち合わせに持ち寄られるたくさんの企画案の中で、最終的に採用されるのはたった1案だ。企画が100あったとして、採用された1案の裏には、散っていった99の選ばれなかった恥がある。

企画が採用されたら、次は実制作だ。広告は、たくさんのプロフェッショナルが参画して制作される。ときには自分よりも年齢も経験も豊富なプロに、自分の意見や疑問をぶつけなければいけない瞬間も出てくる。そのたびに、心の中のもうひとりの自分が邪魔をする。「お前のような未熟者の意見になんて、誰も耳を貸すはずがない」と。

自分の企画が世に出るまでには、越えなければいけない山のような恥があるのだ。

恥は大きく6つに分けられる

わたしたちはどのようにしたら、このやっかいな恥という感情を克服できるのだろうか。

僕はまず自分の中に渦巻く恥を理解しようとすることから始めた。人は得体のしれないものを怖いと感じる生き物だ。見方を変えると、客観的に理解することで、自分が向き合う感情への恐怖心を和らげることができるはずだ。分析した結果、わたししたちを待ち受ける恥は6つに分けられることに気がついた。

まず恥の要因によって大別すると、自分の美学に反することを行ったことで生まれる「**内的恥**」と、一般的な常識から外れることで生まれる「**外的恥**」に分けられる。さらにその2つは経験の熟練度によってそれぞれ3つのフェーズに分けられる。

ひとつめが、新しいことを始めるときの「**初歩期の恥**」。自分だけができない、わからないと言い出せないなどの状況がこれに当たる。次に、上手になろうともがいているときの「**研鑽期の恥**」。経験が貯まってきた分、頑張っている姿を人に見せるのが恥ずかしかったり、誰かに協力をお願いするのが恥ずかしかったりする。そして3つめが、自分が周りより経験値が貯まっているときの「**熟練期の恥**」だ。

恥というと「初めて体験するときに起こる感情」というイメージがあるが、実はそうではない。経験値のある人ほど、自分の間違いを認められない。これは、無意識に尊敬されようとする自分が、間違いを認めるという「恥」を許容できないから起こっている。知らなかったとは今さら言い出せない。さらに経験を積んだ今の領域から飛び出して他の領域にチャレンジすることが恥ずかしくなる。このように「恥ずかしい」と感じているのはどうやら若手だけではないということが分かる。

人生100年時代といわれる現代である。ひとつのキャリアやスキルだけでは、わたしたちの社会人生活も立ちゆかない。自分がやったことのないことにもチャレンジしなければならない場面も増えてゆくだろう。そのときにあなたの前に立ちはだかるのは、間違いなくあなたの「恥ずかしい」という気持ちだ。

恥を敵のように恐れるか、チャンスの目印と捉えられるかであなたの未来は大きく変わる。この本を通して恥への「免疫」がつけられれば、あなたはもっとたくさんのことに挑戦することができるようになるだろう。恥は若者だけのものではない。これからは、いくつになっても恥をかける人になる必要があるのだ。

いくつになっても恥をかける人になる　もくじ

1章 恥は若者だけのものではない

2章

恥は知らぬ間にあなたのチャンスを奪っている

3章

恥と向き合う6つの視点

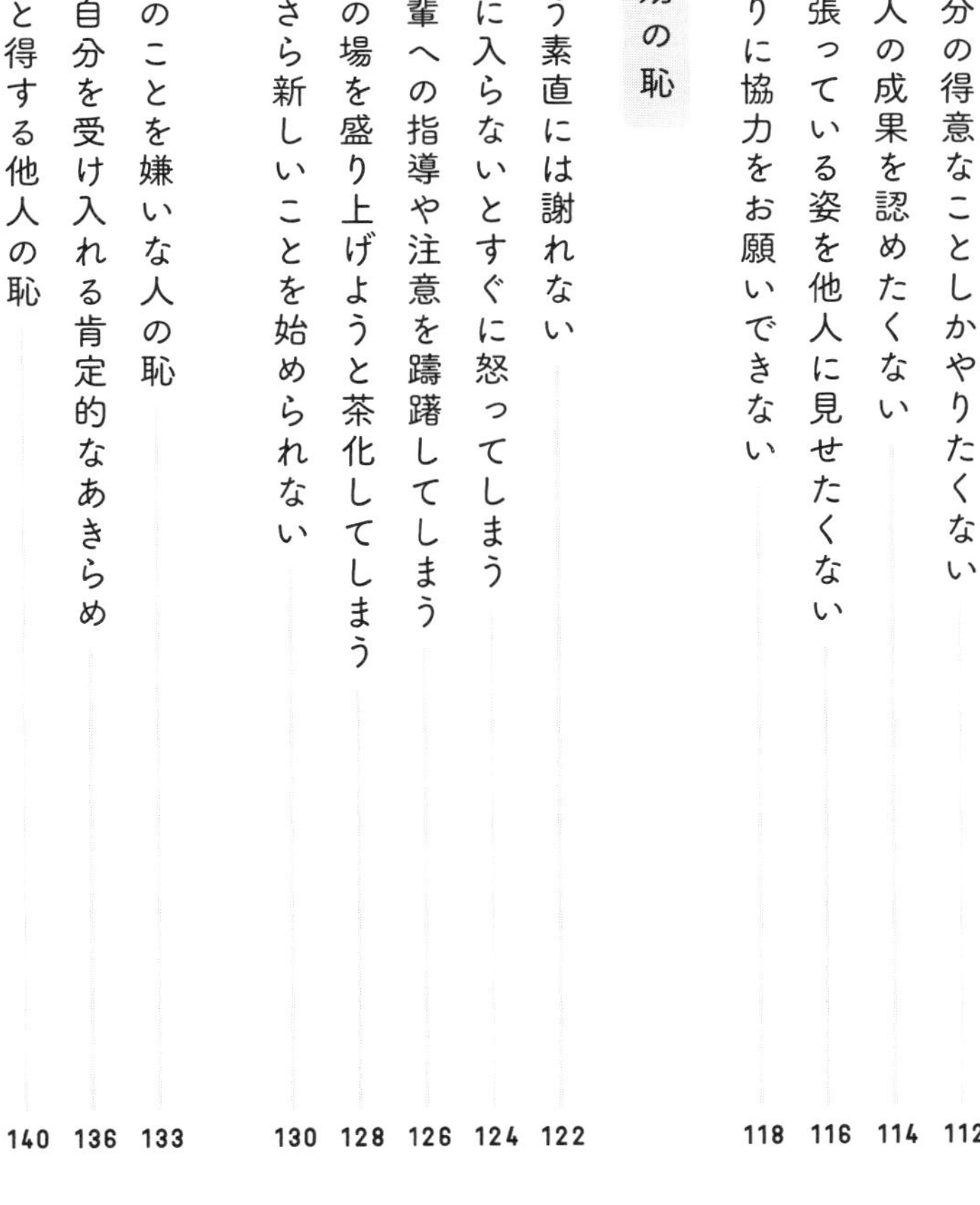

熟練期の恥

4章 いくつになっても恥をかける人になる

5章 今すぐ実践できる恥のかき方50

1章

恥は若者だけのものではない

1

変化の時代に試される「いくつになっても恥をかける勇気」

「少しでも早く成長して仕事で成果を出したい」

若手といわれる社会人の多くは、そう考えて仕事をしているはずだ。この「成長」は業務能力やスキルに付随し、今の自分から伸びる連続的な直線の延長線上に存在する。同じ組織や会社に長く所属することが当たり前だったこれまでは、同じ成長軸で評価できたが、これからは「成長」以上に「変化」が求められる時代がやってくる。

わたしたちが生きる世界は「人生100年時代」といわれる。寿命が飛躍的に伸びることで、必然的に働く時間が伸びている。定年は70歳まで、2021年から段階的に引き上げられることが決まっている。仕事を始めて定年の70歳までずっと同じ仕事を続けられる人は一体どのくらいいるだろうか？

20代のときに学んだ知識やスキルだけで、そのまま70歳まで必要とされる人材でいられる保証はどこにもない。日本の労働人口の約半分が人工知能やロボット技術で代替可能になるという予測も存在する。[1]これからの長い社会人生活、ひとつの領域に限った知識やスキルを追い求めているだけでは、手詰まりになってしまう。

つまり自ら積極的に新しいことにチャレンジし、常に経験と知識をアップデートしていくことが求められる時代だ。そんな時代の中で、わたしたちは「いくつになっても恥をかける勇気」が試されているというわけだ。

経験の長い人ほど、新しいことにチャレンジする抵抗は大きいだろう。ポジティブに考えれば、新しいことにチャレンジする口実ができたともいえる。自分の経験や知識に固執せず、変化を受け入れる意識さえあれば、あらゆることがチャンスに変わる。

「ひとつの領域もまだまともにできないのに、他に手を出すなど中途半端になるだけだ」そんな声が今にも聞こえてきそうだ。複数の領域に強みを持つジェネラリストは、「その組み合わせにおけるスペシャリスト」なのだ。組み合わせられる領域の数が多ければ多いほど、その人の特異性は高くなり市場価値も上がる。この領域の組み合わせこそが、非連続的で別軸にある「変化」なのだ。

1　平成30年 情報通信白書（総務省）
https://www.soumu.go.jp/johotsusintokei/whitepaper/ja/h30/html/nd145210.html

僕は入社8年目にしてようやくコピーライターになり、新入社員のコピーライターたちと同じ研修を受けて仕事を始めた。研修では僕のコピーよりも新入社員のコピーのほうが褒められた。同期のコピーライターたちにはすでに8年のキャリアがあり、とっくに活躍していた。さらにその上には、その道何十年の大先輩たちがたくさんいる。同じ舞台で戦っても追いつけない。

そこで僕は、初任配属されたプロモーション局で身につけたPRを設計・実施する力、次に配属された営業局で身につけたチームをプロデュースする力、勉強中のコピーや映像企画能力を組み合わせて仕事をすることにした。

それぞれの領域単体の力に勝ち目はなくても、組み合わせることで自分にしかできない仕事になる。複数の領域の知識と経験を組み合わせたことで、はじめて自分の強みに気づいた瞬間だった。

POINT

経験や知識に固執せず、変化を受け入れる意識を持つ

2

「恥をかきたくない」と思うほど感じる恥

恥ずかしいという気持ちは、できれば誰しも避けたい感情だ。恥を感じたその瞬間、心臓は早く脈打ち、顔は真っ赤になり、できることならその場から消え去りたいと願う。そしてあなたを囲む周りの人が全員自分の敵のように見えてしまう。

しかし恥を避けようとすればするほど、わたしたちは恥を感じてしまう。

なぜかというと、恥は自分の思い描いている「理想の自分」と「今の自分」のギャップが原因で生まれてくるからである。目の前のことを失敗なく「完璧」にこなそうとすればするほど、現実の自分の「不完全さ」が気になってしまうのだ。その不完全さを受け入れることができずに自己否定感情が強くなると、さらに恥を感じて身動きがとれなくなってしまう。

恥とは自分が描いている「理想の自分」と「現実の自分」の間に生まれるギャップに横たわる、複数の「心理的つまずき」だ。面白い企画を考える人だと周りに思われ

心理的つまずき＝恥

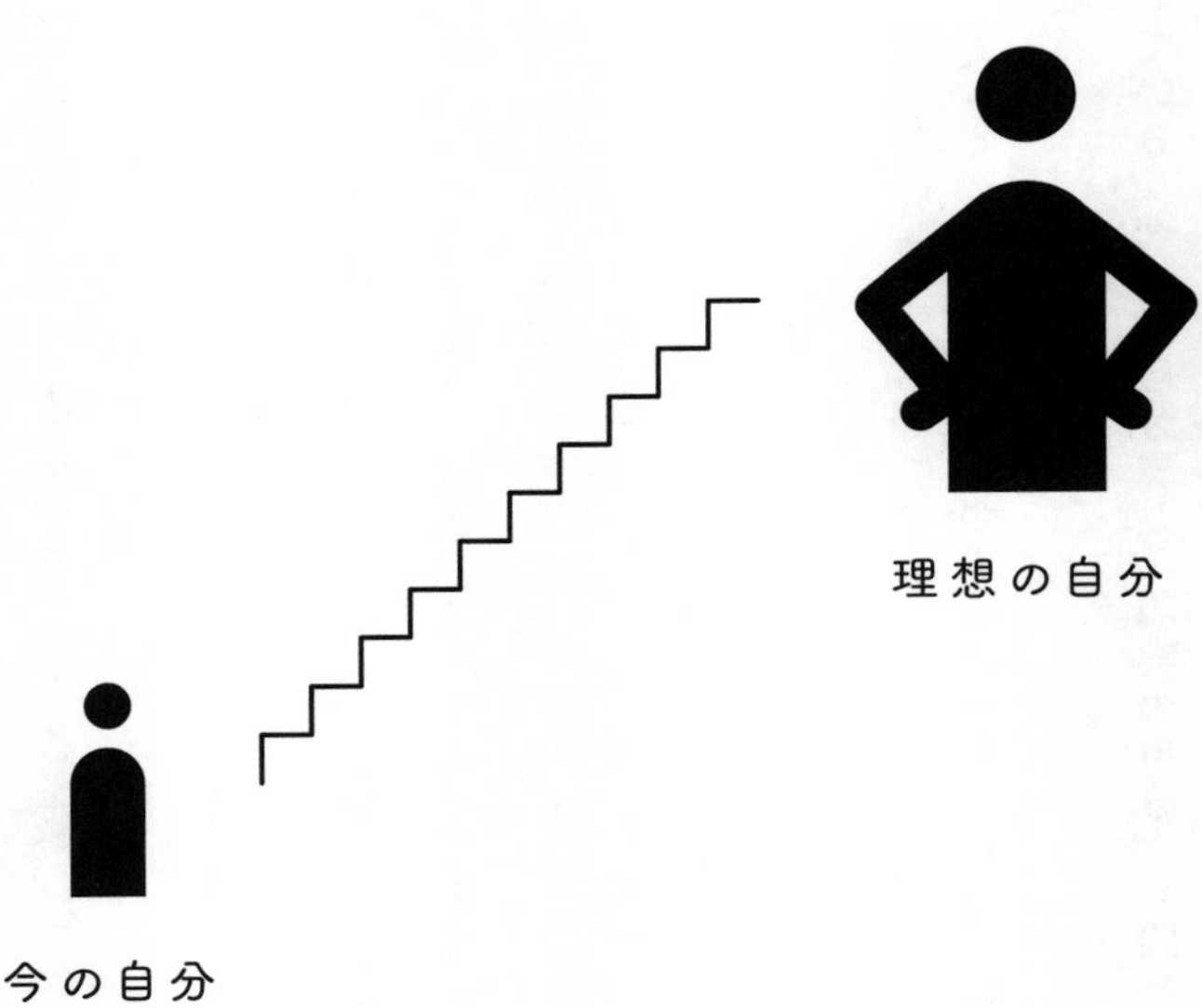

たいという理想に対し、実際は今手元に大した企画がひとつもない。そのギャップの間に横たわる心理的つまずきが、あなたから会議で発言する勇気を奪い取る。この理想と現実のギャップが大きければ大きいほど、「周りにバカだと思われるのではないだろうか」という不安も大きくなる。そして打ち合わせに参加したにもかかわらず、発言できないままにその時間を終えてしまうのだ。

ここで恥を乗り越えることができていれば、仮に自分の企画自体はたいしたことがなくても、あなたの発言がきっかけで誰かから名案が生まれていたかもしれない。恥を避けようとしたことで、あなたはまだ見ぬ可能性を捨ててしまったのだ。

自分への高い期待値は、変身願望でもある。期待値が高ければ高いほど、現在の自分への否定感情が強くなってしまう。理想の自分が、現在の自分を否定する。その結果、恥ずかしいという感情が強まり、行動へのハードルも上がってしまうのだ。

POINT

自分への期待が高い人ほど、行動へのハードルも上がりやすい

3

恥を押しつけられる瞬間

恥という感情は、周囲の人たちに大きく影響されるものだ。
誰かの発言や価値観の押しつけによって「恥」を植えつけられてしまう瞬間がある。
その瞬間は、わたしたちの生活の些細なやり取りの中に隠れている。

あなたは、友人の新しい洋服や髪型、メイクなどを茶化したことはないだろうか？あなたのその心ない一言で、さっきまでお気に入りだった洋服や髪型が、友人の心の中で一瞬にして「恥ずかしいもの」に変わってしまう。

あるいは、会議で新人が勇気を奮って何か意見を言ったとしよう。その発言に対して「お前は分かっていない」と先輩に鼻で笑われた瞬間。言われた後輩のチャレンジは、その瞬間に恥ずかしいものになってしまう。

人の勇気はシャボン玉のように儚く尊い。**わたしたちの発言には、誰かのチャレン**

ジを恥に変えてしまう恐ろしい力がある。

会話の中で周りの笑いをとるために、特定の誰かをイジったり、ネタにしたりする光景を見たことがあるだろう。そしてそれは、自分よりも立場の弱い相手に対して行われることが多い。人を茶化してはいけない。言った本人に悪意がなかったとしても。それは、誰かの小さな勇気をたった一言で恥に変えてしまう、恐ろしい行為なのだ。誰かの勇気を奪いたくなければ、自分の発言には注意しよう。

茶化されてしまった人には、こう伝えたい。気にするな。そしてそんな人からはできるだけ早く距離を置いたほうがいい。その人が近くにいてネガティブなことはあっても、ポジティブなことは少ないだろう。その人は、人を茶化すことで無意識に自分が上位に立とうとしている。

広告業界の中には「広告業界の人間は黒子であるべし」という暗黙の「常識」がある。そこに窮屈さを感じていた僕は、海外への出向から帰ってきたと同時にｎｏｔｅやツイッターなどのＳＮＳで、自分が仕事をするうえで考えていることを発信したり、海外で今話題になっている広告の紹介をしたりし始めた。

このとき、周りのリアクションは大きく分かれた。「いつも読んでるよ」と感想を言ってくれる人、そして「おっ、中川先生」と茶化してくる人だ。このときに感想やコメントをくれた人は、本当に僕のことを応援してくれている人である。

自分がチャレンジしているときこそ、周りのリアクションに気をつけてみよう。本当に自分を応援してくれる人は誰なのかを見分けるポイントになるからだ。**茶化されるたびに毎回恥を感じるのではなく、「見分ける判断基準をくれてありがとう」と心の中で感謝しよう。**しかし応援してくれなかった人を悪く言ってはいけない。そもそも応援されなくて当たり前。その分本当に応援してくれた人のことは絶対に裏切らず、必ず恩を返すという姿勢でいよう。

POINT

人を茶化してはいけない。茶化されたときも、気に病まない

4

「理想の自分」という呪い

「成功の秘訣は、自分の明確なビジョンを描くことである」。これはよく言われることだ。理想の自分像を持つことは、前に進むエネルギーになることは間違いない。しかし僕は「理想の自分」のことを「呪い」と呼んでいる。

理想の自分は、自分で自分にかけた呪いだ。目標に生きる人生は、活力にあふれる一方で、苦悩も多い。未来から逆算して、今の自分に足りていないものを埋めていく作業のために人生を生きるということは、言いかえれば、毎日足りないものを数えながら生活するようなものである。

未来に向けて足りないものを数え続けるよりも、確実に今持っているものをどう使うかを考えたほうが建設的だ。さらに理想は、親や所属する組織、そして社会の「常識」からも大きく影響を受けるため、その理想が叶ったときにあなた自身が幸せを感

「こうなりたい」という呪い

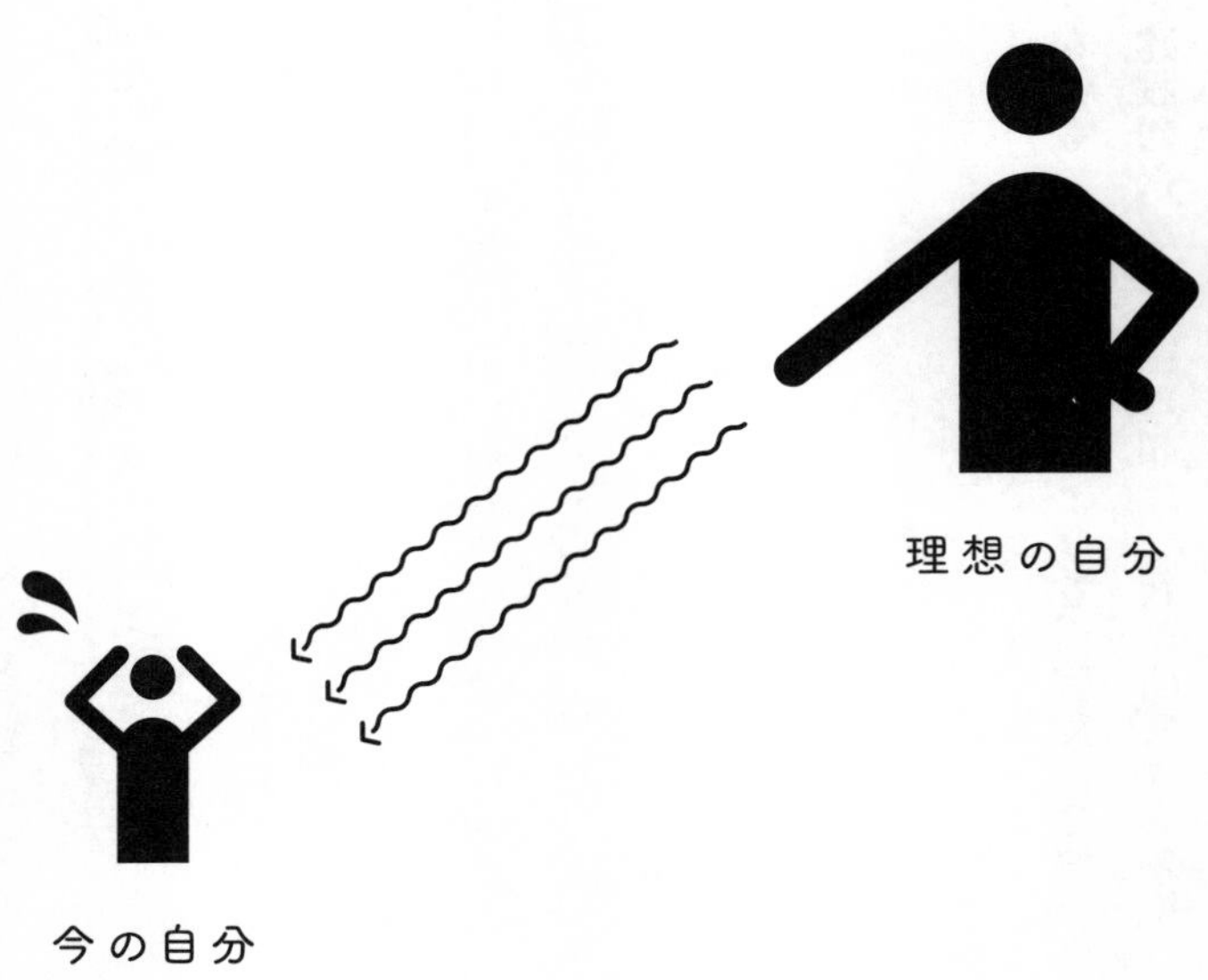

じられるかはまた別の問題なのだ。

「あなたは大器晩成型です。不本意かもしれないですが」

新入社員研修の中で、先輩社員からの僕へのフィードバックにそう書いてあったのを、その手書きの文字まで覚えている。少しでも早くいい仕事をしたいと期待に胸を膨らましていた22歳の僕には、そんなコメントは到底受け入れることはできなかった。

しかし、現実はなかなか思いどおりにならなかった。広告の企画制作を行うクリエイティブ局を志望して入社した僕が最初に配属されたのは、商品の販売促進の企画制作を行うプロモーション事業局（当時）だった。そして6年目にはクライアントと日々直接向き合う営業部署に異動し、企画や制作からも遠ざかってしまった。

自分は理想に一歩も近づいていないのに、同期や後輩はクリエイターとしてどんどん活躍している。自分はというとクリエイティブの部署にすらいない。彼らの活躍を見るたびに、ドロっとした嫉妬の感情に全身が支配されるのを感じた。そして僕は自分の心を守るために、彼らのＳＮＳをブロックした。

自分でかけてしまった呪いはひどく僕を苦しめた。どうすればいいのかは分からないが、今のままではいけないことだけは分かった。会議室で一人泣いたこともあった。

今思えば、このときの僕は「待ちの姿勢」だった。頑張っていれば、いつか誰かが見つけてくれると思っていた。しかし残念ながら、社会は平等ではない。チャンスは自分から勝手にはやってこない。待っているだけでは、いつまでたっても「いつか」はやってこなかった。

自分からアピールするのはかっこ悪い、恥ずかしい。そんな気持ちが、必要な行動から自分を遠ざけていた。

POINT

自分にないものばかりに目を向けるのはやめる

5 尊敬されようとする罠

わたしたちが恥を感じてしまう原因は、わたしたちが無意識に「尊敬されよう」としているからではないだろうか。この気持ちから自分でハードルを上げて、行動する勇気を奪ってしまうのだ。

頭がいいと思われたいから、セミナーで〝いい質問〟を考えている間に質問ができないまま終わってしまう。仕事がデキると思われたいから、完成度を追求して提出するのが遅くなり怒られる……。

せっかく足を運んだセミナーで、質問できないまま疑問を持って帰るのはもったいない。資料はもっと早くすり合わせできていれば、時間の短縮ができた。頭では分かっているが、それでもできないのは恥ずかしいからだ。尊敬されたいという気持ちが、わたしたちに行動を回避させる。

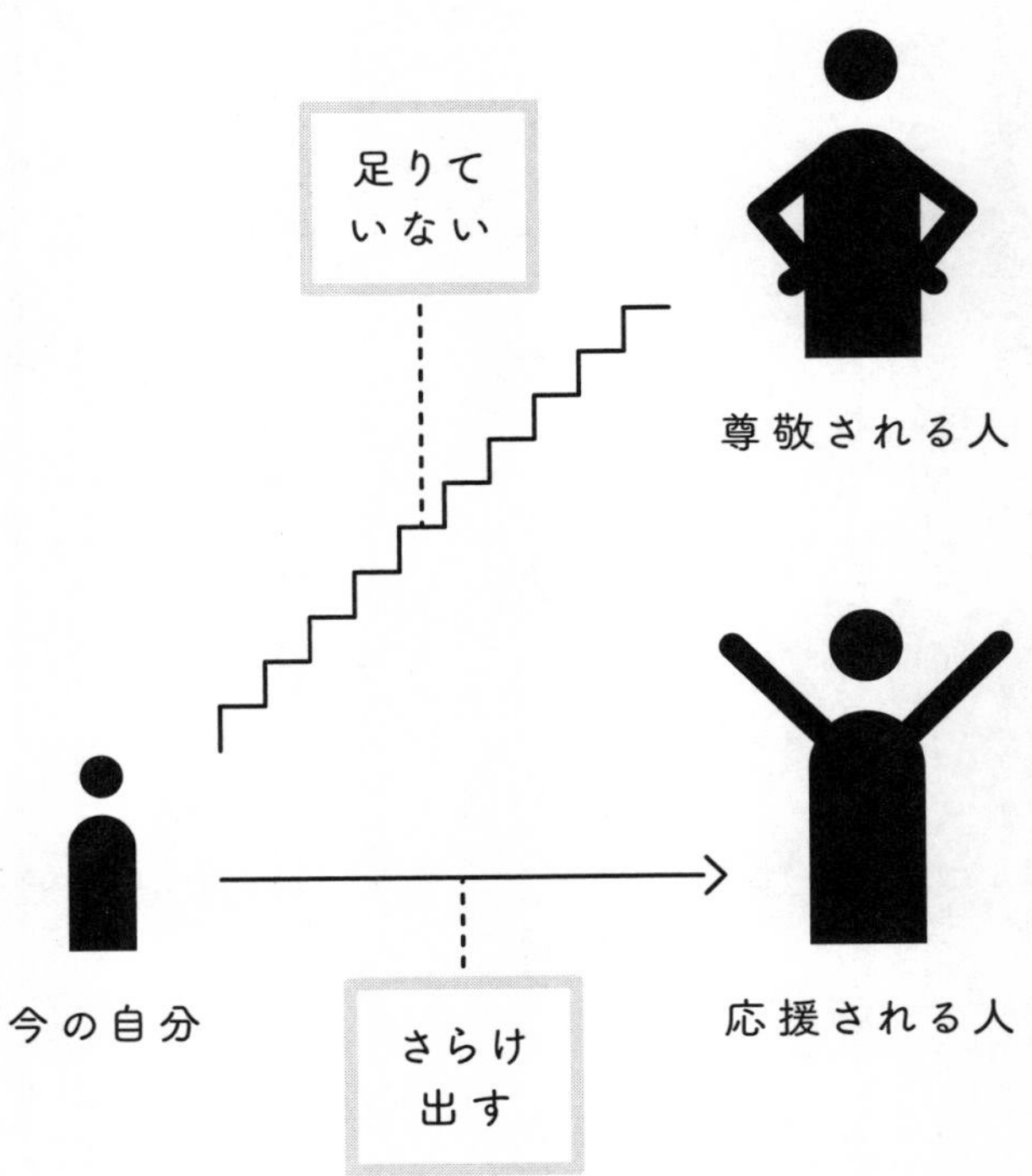
足りて
いない
尊敬される人
今の自分
さらけ
出す
応援される人

そこでお勧めしたいのは、「尊敬される人」ではなく「応援される人」を目指すという方向転換である。尊敬されようとすると理想の自分が起点になり、どうしても今足りていないところに目がいってしまう。そしてそのギャップに隠れた恥につまずいてしまうのだ。

応援される人とは、さらけ出せる人である。等身大の今の自分がそのセミナーを聞いたときに浮かんだ疑問を素直にそのままぶつければいい。その質問はあなたと同じように、質問できなかった人のためにもなる。資料は本格的に手を動かす前に、今の自分が考えていることを簡単なメモにして事前に上司とすり合わせておけば、お互い安心して資料作成に臨める。

コンプレックスは、隠すからコンプレックスになる。そして逆に、**コンプレックスを見せると、それはチャームポイントになる。**なぜなら、その劣等感こそがその人の性格や価値観を形づくっているのであり、それは前に進むための何よりの原動力になるからである。

実際、僕にこの本を書くきっかけをくれたのは、コンプレックスだ。広告代理店のクリエイティブな部署に入りたかった僕が挫折した8年という苦悩の時間が、結果的に僕のオリジナリティとなり、それが本書の企画の発端となった。

コンプレックスを持つことは悪いことではない。「自分らしさが見つからない」という人は、自分のコンプレックスに目を向けてみると、そこにあなたの個性が隠れているかもしれない。

POINT

「尊敬される人」より「応援される人」を目指す

6

後輩に値踏みされる先輩

他人を値踏みする人は、一見自信家に見えても実は内側では自己肯定感が低く、人を値踏みすることで「自分は他人よりも優れている」と思い込みたいのである。人を値踏みすることで自分の存在価値を確認しているのだ。

「アイツは使える（優秀だ）」「アイツは使えない」と先輩が後輩を値踏みする会話を一度は聞いたことがあるだろう。このとき「他人を値踏みするような人からは、とっとと離れましょう」と言い放つのは簡単だが、現実社会はそんなに単純ではない。

誰かに値踏みされたときに勘違いしてはいけないのは、先輩の言う「使える奴」「使えない奴」という話は、あなた自身の価値ではなく、あなたの持つスキルがその人にとって足りているか足りていないかの話をしているに過ぎない。**「使えない奴」だと罵られても、それは彼にとってあなたのスキルが足りていないだけの話だ。**逆に「お前使えるなあ」と言われたとしても、一見褒められているように見えて、実のところ、あなたのスキルをいいように使おうとしているだけ、ともいえるだろう。
つまり、こんなにも流動的かつ基準の不明確な、誰かの「使える」「使えない」発言に一喜一憂するだけ無駄ということだ。

これまでこのような値踏みは立場が上の人が行ってきた。しかし今は、後輩も先輩を値踏みする時代になってきている。

背景には、今、先輩世代には全く理解できない後輩世代の文化圏・経済圏が形成されていることが挙げられる。子どもの頃からPCやネットに慣れ親しんできたデジタルネイティブ世代の次には、スマホネイティブな若者たちが。そしてプログラミングの授業が義務化されている今の子どもたちは、プログラミングネイティブ世代として次に控えている。テクノロジーによる世代の分断は、今後もどんどん加速していくだろう。

あわせて先輩も油断できない状況になってきた。「この先輩に依頼された仕事は自分にとって得があるのか」。後輩たちはシビアな目で見ている。10年目になる僕は、先輩でもあり後輩でもある。先輩として仕事をするときには後輩からの値踏みに怯え、後輩として仕事をするときには先輩からの値踏みに怯えている。

こうした世代による分断を分断のままにしないために、先輩と後輩の関係性を見直す必要がある。先輩から後輩に一方的に指示を出すのではなく、もっとフラットな関係に。自分の知らない領域を認めて、知らないことを互いに教え合う関係に。

これから先輩はもっと謙虚にならないといけない。これから後輩はもっと自信を持たないといけない。そのときにどちらもインストールしておくべきなのが、「いくつになっても恥をかける勇気」なのだ。

POINT

「使える・使えない」という値踏みに怯えるのはやめる

7

SNSに並ぶ欲望の裏返し

他人と自分を比べること自体は、学びを得るうえで必要な行為である。しかしSNSの普及によって、この他人との比較が加速度的に歪んだ形で進んでいるように感じる。皆がSNSで発信している姿は「他人にこう見られたい」の裏返しだ。一見うらやましく見える他人の生活の様子も、彼らの欲望の裏返しなのである。

世界中の情報に簡単にアクセスできるようになったことで、相対的に自分の「不出来さ」が目につくようになってしまった。会ったこともない人たちと自分を比較して「今さらわたしなんかが恥ずかしい」と、最初の一歩を踏み出すときに二の足を踏んでしまう。真面目な人ほどこの傾向は強い。

わたしたちは世界中の「見せたい自分」を毎時毎秒目にして、自分の「つまらない日常」と比べてしまう。タイムラインで他人の充実した生活や成功と幸せの報告を目にすることで、相対的に自分の日常の平凡さに嫌気がさしてしまうのだ。人の「見せたい自分」には、溜まった洗濯モノも、ダラダラとテレビを見る日常も写ってはいない。

SNSが普及したことで新しいチャンスが生まれたのは間違いない。SNSで才能が発掘されるのも、今や珍しいことではない。その一方で、他人との比較が毎日いつでもできるようになってしまったことは、精神衛生上の不安定さをもたらした。「俺だって頑張ってるのに」、自分より若くして目立っている人たちの動向が気になってしまう。僕もそんな成功者たちの投稿を見て、心をザワつかせていたうちの一人だった。SNSで成功報告を見るたびに、心からお祝いできない自分が現れて嫌な気持ちになった。

忘れてはいけないのは、**SNSで見ている他人の日常や人生は、切り取られたハイライトなのだ**ということ。スポットライトの当たったところばかり見ていれば、自分の日常に比べて輝いて見えるのは当たり前なのだ。しかし彼らにも光の当たっていないところに、私たちと同じように〝平凡な〟日常が存在している。

SNSで見せている「自分」は「見せたい自分の姿」である。嫌でも可視化される他人の評価を意識して投影した理想の自分だ。それは「他人にこう見られたい」という欲望の裏返しなのである。

おしゃれな投稿を繰り返す人は、一番おしゃれに見られたい人かもしれない。幸せな報告を繰り返す人は、一番幸せを欲している人なのかもしれない。「ありのままの自分を見せている」という人も、「ありのままの自分を見せる自分」を投影しているのである。

ＳＮＳでうらやましく見える生活の様子も、すべて彼らの欲望の裏返しだと思って見直してみよう。

POINT

ＳＮＳで発信している姿は「他人にこう見られたい」の裏返しだ

8 無意識にとってしまうマウンティング

「あなたの趣味はなんですか?」そう聞かれたときに、胸を張って答えられる人はどれくらいいるだろうか。素直に答えられないのは、そのあとに起こるこんなやりとりを想像して恥を感じるからである。

あなたが週末に映画を見るのが好きなら、それは立派な趣味だ。しかし、「趣味は映画です」と答えたら、「好きな映画はなんですか?」という質問があなたに襲いかかるだろう。もしくは「好きな映画監督は誰ですか?」と聞かれるかもしれない。言ったからには、スター・ウォーズなどメジャーすぎる映画は言いづらい。そしてあなたは心の中で少しずつ後悔を始める。ああ、こんなことなら映画が趣味なんて言わなければよかったと。

僕はフルカスタムバイクに乗っているが、「趣味はバイクです」と答えるには少々気が引ける。それは僕自身がバイク全般に詳しいわけではないからだ。僕がバイクに乗り始めたのは、仕事でバイクメーカーを担当したのがきっかけだ。すべての打ち合わせが理解不能だったため、仕事を終えたその足で教習所に通ってバイクを買ったバイク素人なのだ。

にもかかわらず、オーナーのこだわりが詰まっていそうなカスタムバイクをうっかり選んだ僕は、道端でバイク好きの人に声をかけられてしまう。質問されてもほとんどの場合、何の質問をされているのかすら分からないのである。そんなとき僕は恥ずかしさと後ろめたさから、知ったかぶりをしてしまうのだ。

自分よりも知識のある人が近くにいるとわたしたちは「自分も好きだ」と堂々と言えない。これも無意識に尊敬されたいという気持ちがわたしたちを邪魔しているのだ。自分を相手よりも優位に見せようとすることを「マウンティング」と呼ぶ。これは映画、ファッション、音楽、アートなど「語れる」世界で起こりがちなやりとりだ。

「マウンティングされた」と感じるあなたは、自分も相手にバカにされたくないという「マウンティングの姿勢」を無意識にとってしまっているのである。

そんな人は、自分自身の「人を見る目」に原因がある。他の人を見て「あの人全然知識ないのに、映画好きとか言っちゃって」と思ったことはないだろうか。「バイク好きって言っておきながら、何に乗っているかと思えば、中型免許のいらない原付スクーターじゃん」と思ったことはないだろうか。こうした自分の意識を変えないかぎり、他人のマウンティングからも抜け出すことができない。

自分の意識が変われば、知らないことは知らないと、好きなことは好きと言えるようになるだろう。他人を見る自分自身の目を改めないと、自分自身の恥も軽減されないのだ。

自分の人を見る目は、必ず鏡のように反射して自分に返ってくる。

POINT

マウンティングされたと感じる原因はあなた自身にある

9

あなたを縛る「こうあるべき」という美学

仕事に慣れてくると、自分の仕事は「こうあるべき」という美学が生まれてくる。プロとして美学を持つことは仕事の品質を向上させる。しかしこの大切にしている「美学」はただの「思い込み」だともいえる。従事した期間が長ければ長いほど、周りからそして自らの期待がその思い込みを強固なものにする。結果としてその美学が、自分のキャリアの可能性を狭めてしまうこともある。なぜならその美学が「あるべきではないもの」を一律に切り捨ててしまうからだ。

かくいう僕も、「既視感のある企画は提案しない」という美学を自分の中に持っている。それには2つの理由がある。単純に見たことのあるようなものはニュース性が下がるということがひとつ。そして自分たちがつくっていて楽しくないからだ。広告キャンペーンは企画から世の中に出るまで平均3ヶ月程度時間がかかる。自分だけでなく制作に携わるスタッフ全員を、同じ期間、自分の企画に付き合わせることになる。しかし提案相手のクライアントの担当者には、その広告の目的さえ達成できれば「既視感のある企画」かどうかは実はあまり関係がない。この美学も、僕の「こうあるべき」という思い込みに過ぎないのだ。

わたしたちは物事を完璧にこなそうとするほど行動できなくなってしまう。それは自分の「こうあるべき」を実現できない自分のことが許せなくなってしまうからだ。真面目な人ほどこの傾向が強い。さらにこの「思い込み」が強くなると危険なのは、自分だけでなく、自分の基準を満たしていない周りの人も許せなくなってしまうことだ。「わたしはこんなに頑張っているのに、どうして分かってくれないんだ」「どうして期待に答えるような働きをしてくれないんだ」と自分の「あるべき」という価値観を人にも押しつけてしまう。自覚があり、耳の痛い人もいるかもしれない。

この美学という思い込みをつくっているのも、わたしたちの「恥」である。基準を満たしていない自分が恥ずかしいから許せなくなってしまう。**「あるべき」に縛られると、「あるべきでないもの」を許容できなくなってしまう。**そして**「あるべきでない」**

と決めつけて切り捨てているものが、自分のキャリアにおける新しいチャンスにつながっていたかもしれない。

自分の「あるべき」を疑おう。これからわたしたちは、ひとつの職能だけでキャリアを形成していくのは難しいだろう。キャリアが長く「あるべき」像が強くなればなるほど、新しいことにチャレンジできなくなってしまう。

凝り固まった自分の新たなキャリアを切り拓くためにも、予想外の選択を乱数として意識的に取り入れる必要がある。「あるべき」から自由になれれば、今まで見過ごしていたものが大きなチャンスだったと気づけるかもしれない。「あるべき像」を人に強要せず、もう少し人に優しくなれるかもしれない。そもそも「こうあるべき」なんてものは存在しないのだ。

POINT

自分の「あるべき」という美学を疑ってみる

10 わたしたちが支配されている「他人の評価」

ＳＮＳで他人の評価がすぐに可視化されるようになった現代は、恥をかくためのハードルが高い時代である。自分の発信にはリアルタイムに他人の評価が可視化される。つくかもしれない悪い評価や、誰にも評価されないリスクを恐れて、なかなか最初の一歩を踏み出す勇気が出ない。

わたしたちの承認欲求は、ＳＮＳでさらに肥大化してしまった。「誰かに認めてほしい」という欲望は24時間休む間もなく刺激されている。ＳＮＳはユーザーが常にアクセスしたくなるように設計されている。そこで発明されたのが「自分が周りの人からどう思われているか」を可視化することだった。事実、インスタグラムも投稿した写真への「いいね！」機能が、ユーザーの承認欲求を過度に刺激する可能性があったことを認め、各投稿の「いいね！」数をタイムラインに表示しないように２０１９年にシステムを変更した。

さらに承認欲求は人の命をも脅かし始めている。近年アメリカで自撮りをしようとしたことによる事故死が急増し、自撮りを意味するSELFIE（セルフィー）と、自殺を意味するSUISIDE（スーサイド）が合体したSELFIESIDE（セルフィーサイド）という造語が生まれた。わたしたちの行動はいつの間にか「他人の評価」に支配されてしまっている。

承認欲求を刺激する設計思想を持つＳＮＳと付き合っている限り、承認欲求の肥大化は避けられない。しかし「結果」であるはずの評価が、いつの間にか「目的」にすり替わってしまうと危険だ。なぜなら人の評価はあてにならないからである。

人の価値観は、新しい情報で簡単に上書きされる。また、会社や組織の中での評価を得ることを目的に頑張っていると、転職してしまったら新しい職場では意味がない。つまり他人の評価を目的にしてしまうと、その不安定さゆえに、いつまでも自分の気持ちも振り回されてしまうのだ。

この**不安を解消するためには、自分が「選ばれる対象」ではなく「自分自身が選択するという主体である」という意識を持つことが大切**だ。選ばれることを待っていると「自分は選んでもらえるだろうか」「自分に価値はあるのだろうか」と、いつまでも不確かな他人の評価を気にして不安になってしまう。

　ある程度年次を重ねてからクリエイティブ局に移ってきた僕は、先輩クリエイターとのつながりがなかった。僕たちの仕事は、実績のある先輩に相談がまず入り、たくさんいる後輩クリエイターの中からメンバーを選んでチーム編成するところから始まる。遅咲きクリエイターの僕には、いつまで待っていても声はかからない。

　そこで僕は社内営業を始めた。自分のプロフィールとポートフォリオを持って、先輩たちに挨拶して回った。結果的にその場で得た仕事はなかったが、自分で選択した行動には納得している。もしあのまま社内営業もしないで選ばれるのを待っていたら、「俺はこんなに頑張ってるのに、誰も仕事に誘ってくれない」と腐っていたかもしれない。

POINT

「自分自身が選んでそうしている」という意識を持つ

2章

恥は知らぬ間にあなたのチャンスを奪っている

1

チャンスの種を見分けるコツ

ここでは恥という感情がわたしたちにとっていかに手強い相手かということについて言及したい。語解を恐れずに言えば、この社会は平等ではない。誰にでもチャンスが平等に与えられるわけではない。「頑張っていれば誰かがいつか見つけてくれる」と思っていると、その「いつか」はいつまでもやってこない。なぜならチャンスを待っている間に、他の誰かが自らそのチャンスを探しまわって、先に自分のモノにしているのだ。

僕は自分のやりたい仕事が手元に来ないことを、ずっと環境のせいだと思っていた。この組織や部署にいるから、自分には自分のやりたい仕事がまわってこないのだろうと。しかしいざ自分の希望が叶って環境が変わっても、仕事はそんなに思いどおりにはいかなかった。結局どこにいても、チャンスを自分のモノにできるかどうかはその人次第だった。

チャンスは最初から「チャンスの顔つき」をして転がっているわけではない。些細なきっかけが「今思えばあれがチャンスだった」という出来事になるのだ。

日々の生活の中で、この些細なきっかけという糸の端を見つけて手繰り寄せるのには、ちょっとしたコツがいる。この糸の端は大体、「頭ではやったほうがいいと分かっているが、行動に移していないこと」としてわたしたちの目の前に現れる。それは、覚えてもらえるように自己紹介を工夫することかもしれないし、セミナーの一番前の席に座ったことで講演者との間で生まれた会話かもしれない。

このような**少し恥を感じる行動がなぜチャンスに変わるかというと、他の人もあなたと同じように恥ずかしくて行動に移せていないから**である。その恥を乗り越えてあなたが行動に移すことができれば、この小さな行動はチャンスに変わる。

わたしたちは目の前をふと通り過ぎたこの些細なきっかけの糸をつかむかどうかを、「行動した結果、起こるかもしれない不幸な結末」と「得られるメリット」を心の天秤にかけて判断している。そして不幸な結末を想像して恥に耐えきれずに、手を伸ばせば届いたはずの些細なきっかけの糸に気づかなかったフリをしてしまう。

心の天秤

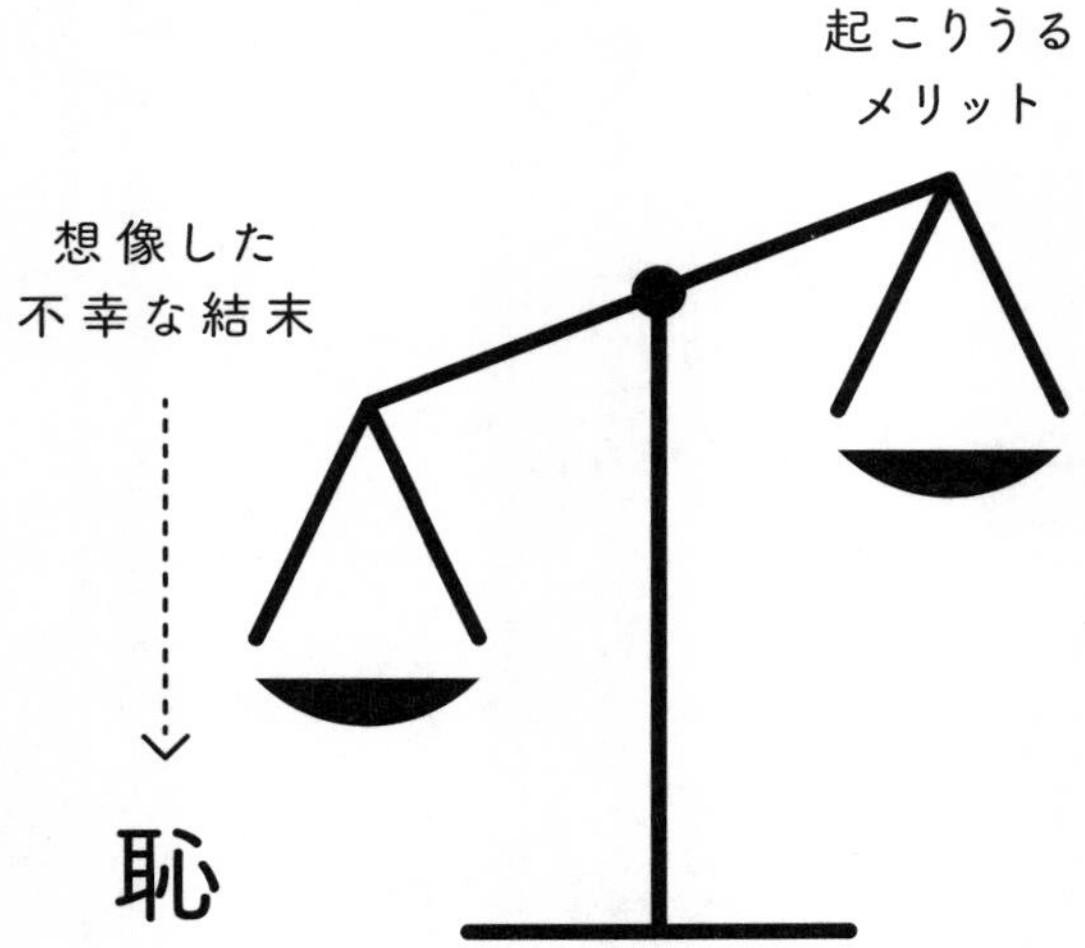

しかし万が一この不幸な結末が起こったとしても、わたしたちが失うものは少ない。あなたは過去に参加したセミナーで誰が前に座っていて、どんな質問をしていたか覚えているだろうか。

一方で、行動することであなたの状況は確実に変わる。それまで登壇者と聴講者という一方的だった関係性は、質問するだけで双方向のものに変わる。それでも一歩を踏み出せないのは、恥がわたしたちの冷静な判断力を奪っているのだ。

POINT

恥はチャンスを見つける目印となる

2

始められない人が始めない本当の理由

新年の抱負を年内に達成できた人の割合は8~10%しかいないと言われている。やったほうがいいと分かってはいてもできていないことが、誰しも心当たりがあるだろう。それは資格取得などキャリアアップのための勉強かもしれない。SNSでの発信かもしれない。そしてできていない理由を、時間が足りないから、機材が足りていないからとさまざまな言い訳を探してしまう。

しかし**わたしたちが行動できない本当の理由は、そんな言い訳が原因ではなく、実は心の奥底で「行動したくない」と思っているから**なのだ。

「わたしだって、やればできる」。周りの誰かが成果を出しているのを目にしたとき、心の中で自分にそう言い聞かせたことはないだろうか。この「わたしだってやればできる」という気持ちが、実はわたしたちが行動を始められない理由のひとつになっている。

　わたしたちが行動を始められない理由には、実は「行動したくない」という隠れた一面がある。それは行動してしまうことで、「やってみたけどできなかった」という結末を知るのが怖いからである。つまりあえて行動しないことを選択することで、その結果を知らずに済まそうとしているのだ。

　わたしたちは「わたしだって、やればできる」という可能性を残しておくことで、自分自身の気持ちを安心させているのである。つまり**行動するうえで心理的ハードルが一番高いのは、「やればできる可能性」を捨てる最初の一回目にチャレンジする瞬間**だ。


　僕自身も「俺だってやればできる」と自分に言い聞かせてきた一人だった。営業職はプロデューサーかつチームのまとめ役のため直接企画することは少ない。そんな自分の立場を「利用」して、僕はずっと「俺だって、やれば企画できる」と自分に言い訳を続けていた。

　そんな自分が変わったのは、仕事とは少し離れた自主プロジェクトを始めたことがきっかけだった。やってみてはじめて、想像していたよりもうまくいかないことも、むしろうまくいくこともあることに気づいた。それまで自分で企画をしなかったのは、うまくいかない自分の姿を見せるのが恥ずかしかったからだった。

自分でに仕事をつくってお試しで企画をしてみたことで、僕は最初の一歩のハードルを越えることができた。

POINT

最初の一回目のハードルを越えるとラクになる

3

続かない人が立てる高すぎる目標

一念発起して始めた勉強や運動が長続きせずに、三日坊主になってしまうという人も少なくないだろう。わたしたちは一度「始める」という高いハードルを越えられたはずにもかかわらず、どうして「続ける」ところで挫折してしまうのだろうか。

一度始めた行動が続かないときは、自分が期待していたような成果が出なかったときである。**あなたの行動が続かなかった理由は、努力や意志が足りていなかったからではない。一番の理由は、あなたが立てた目標が高すぎたことにある。**目標に成果が伴わないと、自信を失うだけだ。高い目標を立てる人ほど、その道のりは険しく長くなるので続けるのが困難になる。

このようにいきなり高い目標を立ててしまう人は、自分に厳しい人である。自分はこうなければいけない、自分はこれくらい成果を出すべきだと決めつけてしまっている。周囲には順調に見えても、自分が期待していたような成果がでないと「やってみたけどできなかった」というラベルを自分で貼ってしまうのだ。一度「できなかった」とラベルを貼った行動を継続するのは難しい。

目標の高さゆえに行動が続かない人は、恥をかくことを避けてしまう人だ。基準に達していないことに恥を感じるため、まだ過程にいるにもかかわらず「できなかった」という区切りを早めにつけてしまっている。何事においても「まだ試しにやっている過程である」と思えば、今できないことは恥ずかしいことではないということに気づけるはずだ。

類まれない才能と膨大な練習量を誇るプロ野球の超一流のバッターでさえ、打てる打率は3割だ。1回の成功の裏には2回の失敗がある計算になる。さらに生涯打率3割を超えた選手は、日本のプロ野球史上でも25人しかいない。この数字を見ると、わたしたちがそう簡単にうまくいかないことにも納得がいく。

「全然アイデアが出ないんです」と言う後輩には才能やセンスがないというわけでも、努力が足りないというわけでもない。自分に厳しく、皆がビックリするような企画を探しているから「アイデアが出ない」と言うのである。自分の基準を満たしていないものを「アイデア」と呼ぶのが恥ずかしいのだ。

しかし、小さな気づきや改善点だって立派なアイデアだ。この状態が続くと企画を考える時間が苦痛になり、いいアイデアも生まれないという負のループに陥る。

小さな気づきや改善点でも、気づくことができた自分を褒めてあげよう。そうすると次の改善点を見つけるのが楽しみになる。

自分の基準に達していない状態の自分を受け入れることで、わたしたちは初めて前に進むことができるのだ。

POINT

今できないことは、決して恥ずかしいことではない

4

行動力を奪う自己否定

「これからは行動力のある人しか生き残れない」という意見を最近よく目にする。しかしこの先行きの見えない時代に、誰もが自分の未来に備えて行動できるだろうか。「やったほうがいいことは分かっているけど、なかなか行動できない」。実際はこのような人がほとんどではないだろうか。

そして、**新しいことにチャレンジしようとしたときに一番避けなければいけないのは、行動に移せない自分を嫌いになってしまうこと**なのだ。それは自己否定の感情が、行動する自信を奪ってしまうからである。

行動できなかった自分を責めてしまうことで、より行動しにくくなってしまっては本末転倒だ。行動力を高めるための本をどれだけ読み漁っても、そう簡単に行動できるようにはならないのは当たり前だ。行動できない自分を嫌いになってはいけない。

恥は今の自分と理想の自分の間のギャップに潜む。現状と理想の自分のギャップが

さらに恥は大きくなる

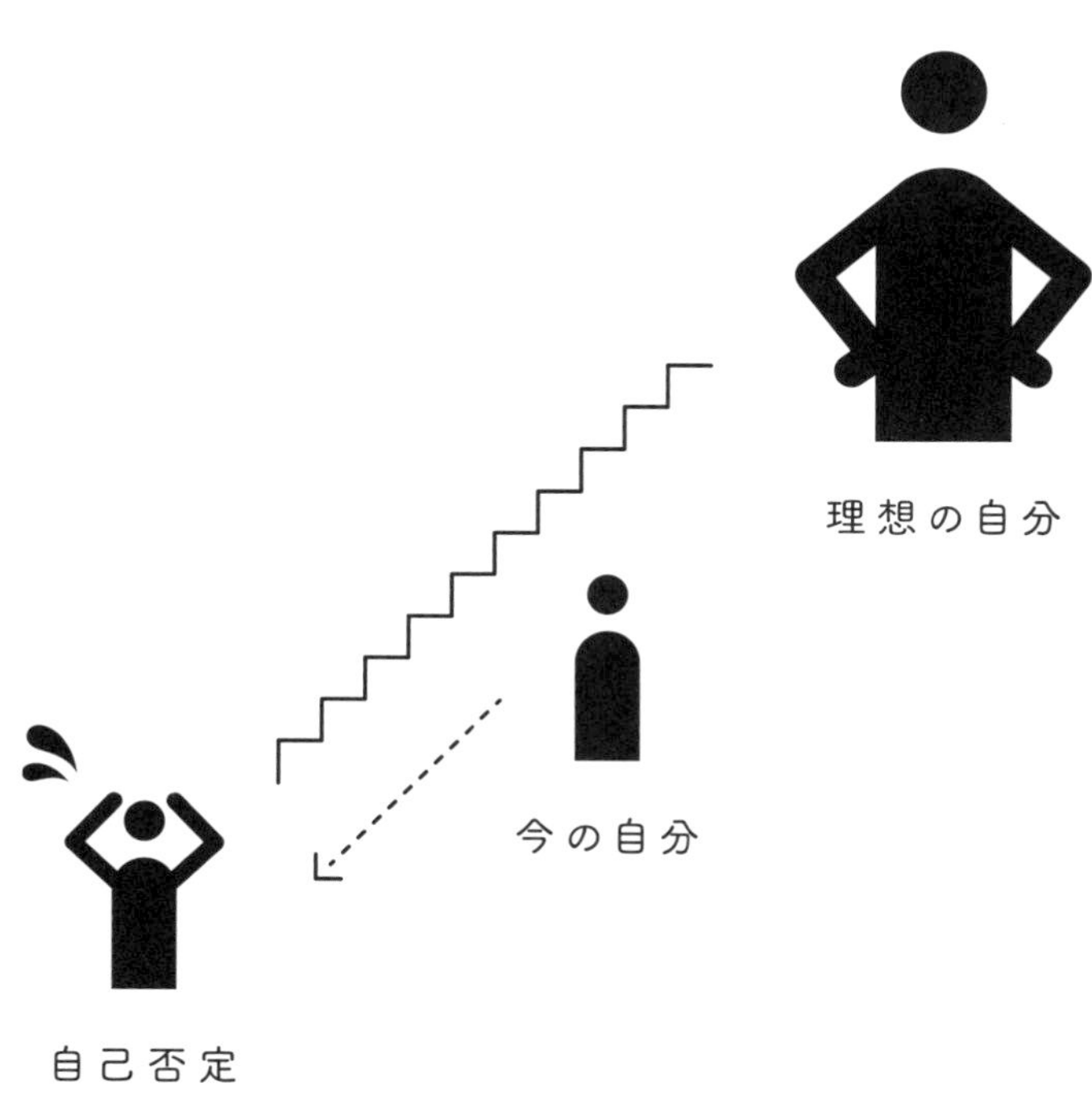

大きければ大きいほど、感じる恥も大きくなる。
つまり自己否定の感情が強くなると、恥も比例して大きくなってしまうのだ。

自己否定の感情が強くなったときは、無理に自分の好きになれないところを自己肯定をする必要はない。ダメな自分の側面も受け入れる「自己受容」ができれば、心のバランスは安定する。言ってみれば、それは「ま、いっか」という肯定的なあきらめだ。この自己受容ができれば、恥は克服できる。それは自分の基準を理想の自分という遠い目標から、今の自分という現実に置き直す作業である。

自分の期待値に達していない恥も、かっこ悪いところを見せたくないという恥も、「ま、いっか」と今の自分を受け入れられれば克服できる。これは努力や改善をしなくてもいいという話ではない。今できていない自分を受け入れたうえで、どのように前に進むかを考えるということである。

恥ずかしくて、会議で発言ができなかった。せっかく参加したセミナーで質問ができなかった。興味のあるプロジェクトに手を挙げられなかった。分からないことを知ったかぶりしてしまった。夜になって、なんであのときわたしは行動できなかったのかと自分を責めてはいけない。そんな自分を恥じてはいけない。今行動できない自分を嫌いになってはいけない。わたしたちは急に行動できるようにはならない。そんなすぐ変われたら、誰も苦労はしないのだ。

POINT

今の自分を受け入れるところから、恥の克服は始まる

5

一生終わることのない「完璧な準備」

行動を始める前に「まだ準備が足りていないから」と言う人がいるが、わたしたちの人生で「準備が足りる」瞬間がやってくることはない。始める前に「完璧な準備ができた」と思ったとしても、本当に必要だったものは大体やった後に気づく。**やったこともない素人が考えた準備は不十分で当たり前**なのだ。何事もやってみてからでないと分からない。

たとえば趣味を共有する場として、自身のYouTubeチャンネルを始めたいと計画していたとする。しかし、カメラや照明、編集するPCとソフトウェアなど機材が揃うまでは始められないと思っていると、いつまで経っても始められない。機材を揃える段階で一体どれだけの時間と労力がかかるだろうか。今やスマホひとつでYouTubeの撮影・編集をしている人はたくさんいる。準備が足りるのを待っていたら、わたしたちはいつまで経っても始められない。

このようにいつまでも「準備が足りない」と感じるのは、中途半端なままで本番に挑む自分自身のことを、そしてその姿を人に見られるのが恥ずかしいからだ。無防備な状態でチャレンジして、うまくいかないという結果を目にするのは怖い。やったことがない行動であれば、うまくいかないのは当たり前だ。その「まだできない」自分の状態を受け入れるところから始めよう。

そんな準備が好きな人にも朗報がある。世の中は準備期間を見ることに寛容になっている。いまや準備もコンテンツになる。テレビのようにコンテンツを発信できる時間帯やチャンネル数などの枠が限られたメディアが主流だった頃は、それぞれのコンテンツのクオリティが求められた。お金と時間をかけて準備した「成果」を発表する場として機能していた。しかしウェブとSNSにより、コンテンツを発信できる時間帯やチャンネルの制限がなくなったことで、メディアは準備した「成果」を披露する場だけでなく、準備の「過程」を共有する場へと機能を拡張していった。

たとえばファッションの世界で、世界中から業界関係者を集めてシーズンごとに準備したものをお披露目する場所だったファッションショー。しかし最近では、ファッションYouTuberが服づくりを始め、視聴者に対して、自身でデザインする洋服を制作過程から公開して販売している。音楽の世界でも特に最近話題になったNizi

Projectは、オーディションの様子をネット配信するところから始まり、デビュー曲はYouTubeで公開初日に1000万回再生を突破していた。もはや「デビュー」は「スタート」ではない。

準備と本番は別のフェーズではない。**準備と本番は地続きなのだ。**試しにやってみよう。準備と本番を分けて考えるのをやめて、やってみてから向上させるようにしよう。どうせ準備が足りることは一生ないのだから。

POINT

準備の過程を共有していると考えれば、「まだできない自分」を受け入れられる

6

探しても見つからない「自分の強み」

「あなたの強みはなんですか？」。就職や転職の面接の定番の質問だ。しかしこの質問に自信を持って答えられる人は、一体どれくらいいるだろうか。面接官ですら、同じ質問を返されたら戸惑ってしまうに違いない。

わたしたちが自分の強みを答えられないのは、強みが自分で探して見つかるものではないからである。強みは自分でつくるものなのだ。そしてそれには2つの段階がある。まず「強み」を把握する、次に「強み」を公言することである。

自分のことは、実は自分が一番よく分かっていない。わたしたちが物事を見るときには、必ず自分が基準になる。基準にしている自分の特徴を客観的に説明しろと言われてもどうしていいか分からないのだ。自分の強みを自分の中に探しても答えはない。他人との相対化の中で、「他の人と自分を比べて強いところ」が強みになるのだ。

ＷｉｉやニンテンドーＤＳの生みの親、任天堂４代目社長だった岩田聡氏は「自分の得意なこととは、労力の割に周りの人がありがたがってくれること」と言った。無理して頑張るという高いコストをかけずにできて、周りに感謝されるような特性があなたの強みである。別の表現をすると、強みというのは他者と並んだときのあなたの役割だ。つまり強みは身を置く環境によっても変わる相対値なのだ。たとえば仕事でそれまで自分で得意だと思っていたことが、部署を異動した途端うまくいかなくなってしまったという経験はないだろうか。社内で適性が認められ異動したはいいものの、最初思ったように活躍できないのはこれが理由だ。営業部署のときは企画のできる営業として活躍していても、企画部署に入ると周りは全員企画の先輩なのだ。つまり「強み」には変動要素が多い。

マーケティングにポジショニング戦略という考え方がある。それは競合ひしめく中で、商品やブランドをどのような人格で消費者に認知してもらうかという考え方である。すでに競合の多い市場に参入する場合、同じような新商品を出しても後発ブランドは苦戦を強いられる。同じように自分を商品としたときに、ＸＹ軸上のどこに身を置くと自分が得をするのかを考えるのだ。分かりやすく言うとそれは、今空いている席を探すということだ。

僕が名乗っている「ＰＲアーキテクト」という肩書きは、自分でつくった新しい肩書だ。ＰＲにつながる企画を設計するという意図で名乗り始めた。クリエイティブ部署に異動したばかりで、周りの先輩たちに比べるとコピーも企画も素人同然の僕は、当初うまく立ち回れなかった。それは周りの先輩たちと同じ土俵で戦おうとしていたからだった。そこでチームに足りていなかった、ＳＮＳやウェブでコミュニケーションを広げる設計をする役割を見つけたのがきっかけだった。得意だから強みになったわけではなく、役割を強みにしたのだ。

POINT

「強み」は相対的なもの。空いている席を探してみよう

7

あなたを本当に萎縮させる身近な人

SNSでの発信を勧めると、あなたは「不特定多数の人の目が気になる」と言う。知らない人たちに自分はどう思われるだろうか。気取った人に見られないだろうか。頭の悪い人だと思われないだろうか。嫌味な人だと思われないだろうか。世間や社会という名の誰かのリアクションを想像して萎縮してしまう。

しかし所詮、社会や世間と呼ぶ存在は実態のない個の集合体だ。今後もあなたの人生にかかわってくることはない。**わたしたちを本当に萎縮させるのは、名前も顔も知らない誰かではなく、あなたもよく知る身近な人なのだ。**

新しいことにチャレンジしようとしたときに、最初に頭をよぎるのは口うるさい先輩、嫌味な同期、ネガティブな友人など身近な人である。リスクはないのかと釘を刺されるのではないか。嫌味を言われるのではないか。影で悪口を言われるのではないか。そのチャレンジが、今まで周りがやっていないことであればあなたの行動は目立つだろう。そして身近な人の目を意識して、わたしたちは恥を感じてしまうのだ。

あなたのチャレンジに水をさす身近な人がいるなら、距離をとろう。彼らの目を意識してあなたが行動をやめたとしても、あなたのその後の人生の責任をとってはくれない。あなたがチャレンジしたことすら、成果が出る頃にはきっと忘れているだろう。チャレンジすることを選択すれば、あなたには必ず経験という成果が残る。逆にそこでチャレンジしないことを選択すれば、あなたには何も残らない。

しかしそんな身近にいる「反対屋さん」の存在も、悪いことばかりではない。彼らの存在は、あなたを応援してくれる仲間を見つけるフィルターになる。あなたが何か行動するとき、周りのリアクションはあなたを応援してくれる人と、そうでない人で大きく変わる。

僕が海外で話題になっている広告をツイッターで紹介しはじめたとき、周りの目が気になった。まだ実績の少ない自分が、そんなことを語る資格があるのだろうか。「こんなことやってるなら普段の仕事を頑張れよ」と思われないだろうか。誰にも言われていない発言を勝手に想像して萎縮していた。

しかし想像とは違う結果が待っていた。会社ですれ違ったときに応援の言葉をかけてもらった。わざわざメールをくれた人もいた。これまで交流のなかった先輩とコミュニケーションが生まれた。応援してくれる本当の仲間が浮き彫りになったのだ。そして同時に誰が応援してくれないのかも明らかになった。

POINT

チャレンジに水をさす人から距離をとろう

8

嫌な思い出にかかる恥フィルター

誰だって一度は人前で恥をかいたことがあるだろう。その経験が深い傷となって、時間が経った今でもあなたから行動する勇気を奪っているかもしれない。人によってはその体験をトラウマとよぶ。このように、恥の思い出があなたの行動力を奪ってしまうときがある。

恥の思い出の厄介なところは、実際の出来事に「恥フィルター」がかかって記憶してしまっていることだ。自分の失敗を、皆がバカにして笑っていた。この光景は、本当に「皆」笑っていたんだろうか。本当にあなたの失敗を「バカにして」笑ったんだろうか。試しに当時同じその場にいた人に聞いてみてほしい。ほとんどの人がそんな出来事あったかな?と首をかしげるだろう。

自分にとっては強烈に覚えている恥の体験も、その場にいた人が覚えていることのほうが少ないものだ。あなたは過去に目にした他人の「恥ずかしい失敗」をひとつでも思い出せるだろうか。

恥を感じた体験がトラウマとなり、今もあなたの勇気を奪っているとしたらいい対処法がある。ひとつめは手紙を書くこと、そして2つめは笑い話にしてしまうことである。

手紙は、恥をかいた当時の自分に向けて書いてほしい。当時の自分の状況を思い出して、その横に今の自分が立っていたら何と声をかけるかを考えるのである。実際に文章にしてみることで客観的にその状況を捉えることができる。そこではじめて、ずっと背負ってきた「恥フィルター」を外して当時の状況を見ることができるのだ。

今の自分が過去の自分にかけてあげる言葉は、本当は心の奥底では分かっていた答えだ。「君は悪くない。気にするな」。書いてみることで、少し気持ちが楽になるはずだ。

2つめの笑い話にしてしまう方法は、恥を乗り越えるうえで効果的な方法である。自分自身がその話を笑い飛ばすことで、当時の自分を受け入れることができるからだ。自分の失敗談は人に好かれる一番手っ取り早い方法である。

トラウマと呼ぶくらい強烈な体験がある人は、その経験はあなたの行動指針に強く影響しているだろう。その経験は、笑い話にできればあなたを象徴する自己紹介になるかもしれない。そこまでまだ過去の恥を受け入れられないという人は、ＳＮＳでその体験を公開してみることで、思ってもいなかったような共感が得られるだろう。恥に苦しむ人はあなただけじゃない。

POINT

恥ずかしい思い出の中の自分に、
今ならあなたは何と声をかけるだろう？

9

恥をかけるチームが成果を上げる

恥という感情はわたしたち個人の行動する勇気を奪ってしまうだけではなく、チームの生産性にも影響を及ぼす。Google社がチームの生産性について社内調査をした結果「生産性の高いチーム」に共通していたのは、強烈なリーダーシップでも、効率的な作業プロセスでもなく「心理的安全性」だった。打ち合わせに参加するメンバーが気兼ねなく話せる心理的な安全性、つまり「皆が恥をかける環境づくり」がチームの生産性に大きく貢献していたのだ。

広告の企画は、自分の恥との戦いの連続だ。若手も、先輩も同じようにそれぞれの恥と向き合っている。若手には経験が浅いからこそ感じる恥があり、先輩には経験値があるからこそ感じる恥がある。

この仕事はまず自分の企画を人に見せるところから始まる。その際、企画に反映された自分の感性や美意識をさらけ出すことになる。打ち合わせでは知らない専門用語が飛び交うことがあっても、一方で「プロの顔」もしないといけない。映像監督やデザイナーなど自分よりも経験豊富な外部のプロフェッショナルに、ディレクションという形で指示とお願いをする必要がある。自分のディレクションが頼りないと、否定されることも怒られることも無視されることも珍しくない。お互いにいいモノをつくろうと必死なのだ。

こんな自分の自信が揺らぐ瞬間にこそ避けなければいけないのが、尊敬されようとすることだ。自信がないからこそ、意固地になって自分の意見を押し通そうとしてしまう。そうすると必ずチーム内で軋轢が生まれるのだ。自信がないなら、素直にその気持ちを共有したうえで相手に相談するのが一番だ。

心理的安全性が担保されていない状態が続くと危険なのは、チームメンバーが知恵を使わなくなることだ。この状態になると「あの人がこう言ったから」と意思決定を人のせいにしてしまう。「これを提案したのはわたしじゃない」「これを決めたのはわたしじゃない」と責任の所在を転嫁できると、わたしたちは恥をかかずに済むのだ。いわゆる「思考停止」と呼ばれる状態である。

アイデアとは決して特別なものではない。みんなの知恵と工夫の集積がアイデアなのだ。心理的安全性が担保されないと思考は停止し、この知恵と工夫が集まらず、十分な議論や検証が行われないまま仕事が世に出ることになる。検証の足りない仕事は、世の中に出てから粗が目立つ。これは広告だけでなく、製品開発、新規ビジネスなどどんな業種でも同じことが言えるだろう。

チームを成功に導くのは、恥をかける環境づくりだ。若手は自信を持って自分の考えたアイデアを話すことがチームのためになる。そしてこの心理的安全性をつくるのは先輩の仕事だ。チームで仕事をするうえで一番重要な仕事かもしれない。

安心して恥をかける環境が整っていれば、それぞれが自発的に知恵を働かせてプロジェクトは自走するようになる。

POINT

チームみんなが恥をかける環境をつくろう

10

恥という壁に見える小石

頑張っていれば、いつか誰かが見つけてくれるというのはファンタジーだ。残念ながら、待っているだけでは「誰か」も「いつか」もやってこない。誰にでも平等にチャンスが与えられるわけではないこの不条理な社会で、あなたより先に恥を乗り越えて行動する人がそのチャンスをモノにしている。

恥をかきにくい時代になってしまった。ＳＮＳで他人の評価は数値化され、世界中の人の成功と自分の平凡な日常を比べて優越感や劣等感を感じてしまう。そして自分をよく見せようと誇張した虚像をつくりあげてしまう。ＳＮＳには今そんな幻のような「自分らしさ」が溢れている。著名人の一度の失言や失敗を許さず、必要以上に社会全体が叩くような空気はわたしたちの言動をさらに慎重にさせる。恥をかくことに対して臆病になるのは無理もない。

しかし恥が高い壁に感じられるときは、あなたがこれまでやったことのないことにチャレンジできている証拠なのだ。最初の一歩が怖いのは、それが「やればできるという可能性」を捨てる瞬間だからである。一度手を出してしまうと「私は本当はやればできるのに」と言い訳することはもうできない。できなかったときに、その結果を直視しなくてはならない。しかし最初の一歩を踏み出してしまうと「なんであんなことで悩んでいたんだろう」と感じるはずだ。**たった一歩の勇気で、あなたは「やったことのない人」から「やったことのある人」になれた**のだ。

これまで高い壁だと感じられた恥の心理的ハードルは、過ぎてしまえば少し足をとられてつまづいた小石のようなものだ。初めて歩く砂利道では小さな小石でもつまづいてしまうことがあるだろう。初めて歩く道は、方角は合っているか、死角から何か飛び出して来やしないかと不安を抱えながら歩くはずだ。しかし、次に同じ道を通るときは難なく歩けるようになる。

視点が変わると、自分の恥の基準も変わる。幼少をエジプトで過ごした僕は、自分が周りの人と違うということが恥ずかしかった。学校でお弁当におにぎりを持って行って笑われ、次の日から母に頼んでサンドイッチを持って行った。25年後僕は海外のGoogleで短期間仕事をする機会をもらった。言語も文化も商習慣も違う場所で仕

踏み出す前

踏み出した後

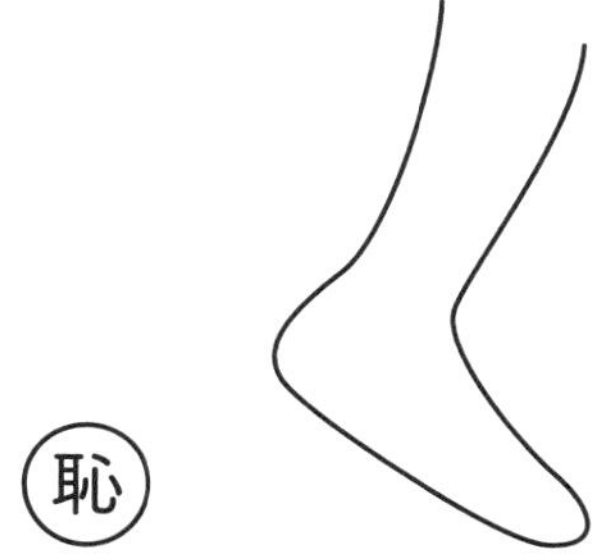

事をしたときに気づいたのは、周りの人と違うということは恥ではなく価値だということだ。違う経験や言語、文化を持っているだけで他の人に新鮮な視点を提供できる。恥の原因となっていた「違い」は壁や小石どころか、武器になっていた。

このやっかいな恥という感情と上手に付き合えるようになると、わたしたちは色々なチャンスと出会うことができる。次の3章では恥と上手に付き合っていくために、客観的に細分化して分析していく。事前にわたしたちをどんな恥が待ち受けているかが分かっていれば、高い壁に見えていたものが小石に見えるかもしれない。最初から小石だと分かっていたら、初めて歩く道でもまっすぐ進めるだろう。

POINT

恥ずかしいという思いを乗り越えて、人は新しい自分になれる

3章

恥と向き合う 6つの視点

1

わたしたちを待ち受ける6つの恥

ここまで、「恥ずかしい」という感情がいかに厄介かという話をしてきた。

このやっかいな恥という感情とうまく付き合っていくために、僕はまず自分の中にある恥を分類して理解するところから始めた。

恥と一言で言っても、性質の異なる恥があることが分かってきた。人前で不安で恥ずかしいと感じる気持ち。自分の行動に対して、情けなく恥ずかしいと感じる気持ち。さらに自分の成長段階によっても性質は変わる。恥は若手や経験が浅い人だけのものではない。先輩ならではの恥も存在する。

「はじめに」でも述べたとおり、**恥には大きく分けて6つの種類がある。**

まず恥の要因が自分の外側にあるか、内側にあるかで大きく異なる。**「周りからこう見られたい」という理想の自分から外れたときに感じる「外的恥」と、「自分はこ**

うあるべき」という自分の美学から外れたときに感じる「内的恥」だ。

この大きな2つの恥は、経験の熟練度によって、それぞれ3つのフェーズに分けられる。**新しいことを始めるときの「初歩期の恥」**。新入社員や部署異動などで、周りに比べて自分だけができないときに出会う恥がこれに当たる。次に、**上手になろうともがいているときの「研鑽期の恥」**。できることが増える中で、まだ頑張っているところを見られるのが恥ずかしかったり、人に協力をお願いするのが恥ずかしくなったりする。最後に、**自分が周りより経験値が溜まっているときに感じる「熟練期の恥」**だ。わかっていないとは今さら言い出せないこと。後輩への指導や、人前で話す機会が増える中で出会う恥もある。

このように、恥は若手だけのものではない。経験値によってその性質は変わり、むしろ経験を積むごとにその恥のハードルは大きくなる。若者に比べて年配の人が自分の間違いを認められないのは、彼らの感じる恥が大きいからである。そういう人を見たら責めないであげてほしい。彼らはただの頑固者ではなく、人一倍「恥ずかしがり屋」なだけなのだ。

本書を読んでいる若者は、人生経験が豊富に見える先輩たちも恥を感じているんだと温かい目で見てあげてほしい。自分のプレゼンを落ち着いた様子で聞いているよう

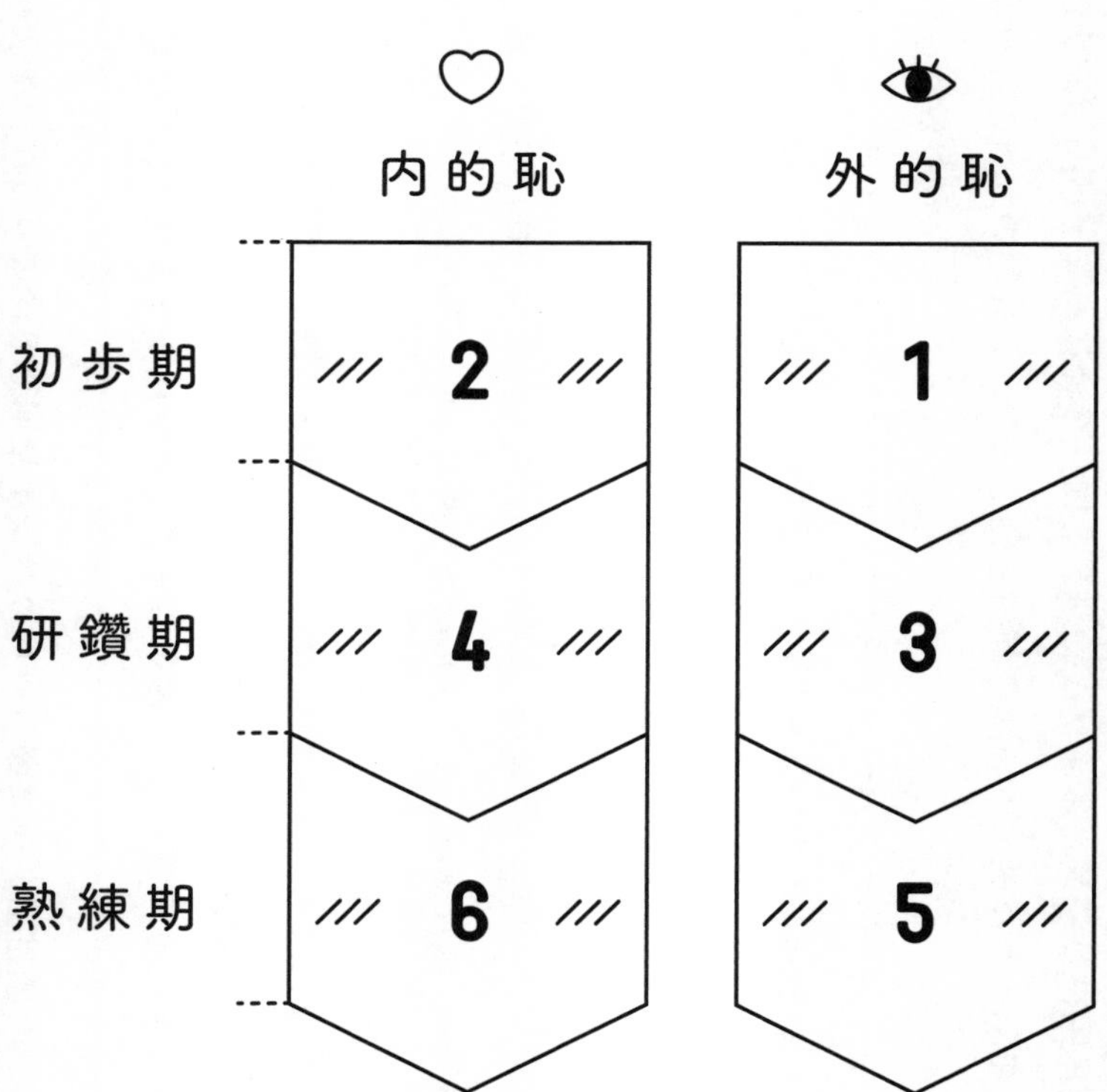
内的恥
外的恥
初歩期
研鑽期
熟練期
2
1
4
3
6
5

に見える先輩たちも、心の中では「どうやって良いフィードバックをしようか」とか「今の単語分からなかったけど、聞けないな」と、あなたと性質の違う恥を抱えているのだ。
一方で、先輩たちも「頑固者に見える恥ずかしがり屋」にならないように気をつけてほしい。あなたがその恥を受け入れられないのは、恥への恐怖心が強いからだろう。自分の中の恥だけでなく、相手の恥も理解することで、わたしたちは他人にも自分にももっと優しくなれるはずだ。

POINT

経験や性格によって大きく6つの異なる恥がある

2

「自分はどう見られているか」が生む外的恥

外的恥は他人に「こう見られたい」という理想から自分が外れたときに出会う恥である。いわゆる恥という感情を想像したときに思いつくシーンは、大体この外的恥に分類される。

たとえば、駆け込み電車をしてギリギリ電車に乗れたが、気まずくなって他の車輌に移った。忘年会でカラオケに行って、空気の読めない曲を入れたと思われたくないからと永遠にデンモクとにらめっこ。レストランで注文したものと違うものが運ばれてきたが、面倒くさい人と思われたくないからそのまま食べるなどのシーンが当てはまる。

わたしたちは今、歴史上最も外的恥を感じやすい時代に生きている。皆がスマホでいつでも世界中とつながったことによってわたしたちは毎時毎秒を外的恥と戦っている。これほどまでに個人がたくさんの目に晒され、比較される時代はあっただろうか。自分が何かを発信すると、SNSではリアルタイムに「いいね」とコメントが反映される。知らなくてもよかった他人の目も可視化されてしまった。SNSで毎日目にする他人の容姿や生活への憧れは、ブーメランのように返ってきて、自分との比較をしてしまう。

この外的恥は社会の規律を形成することに一役買っている。静かな場所で大声で会話する大人や、公共の場を全速力で走る大人がいないのも、周りの目を意識する外的恥が働いているからなのだ。恥がわたしたちの生活を暮らしやすくしているという側面もある。

同時に外的恥は、周りに植えつけられることも少なくない。親が子どもに「恥ずかしいからやめなさい」と注意する瞬間。先輩が後輩に発する「若いときは恥をかいたほうがいい」というアドバイス。ビジネス本などに散見される「知らないと恥をかく」という不安を煽る言葉。どれも一方的な視点で、恥を押しつける行為なのだ。そして押しつけられた側は、それまで恥ではなかったことが恥ずかしいものになってしまう。

外的恥、内的恥、どちらの恥を感じやすいかというのは、その人の気質によって変

わってくる。

外的恥を感じやすいタイプの人は、他人の目を気にして行動を始めるときの最初の一歩を踏み出せない人が多い。周りのリアクションを想像して行動する前に迷ってしまうのだ。しかし同時に他人の気持ちを優先できる優しい性格の持ち主であるともいえる。このような人は、人との接点が多く「人から自分がどう見られているか」ということを常に意識している営業タイプの人が感じることが多い。

自分がどちらの恥を感じやすいタイプかを理解し、目の前に現れた恥の正体が事前に分かれば、勇気を出して乗り越えることができる。「行動したあとに起こりうる悲劇的な状況」と「行動したあとに起こりうるメリット」が乗った天秤に少し勇気を足して傾けるだけでいい。小さな勇気ある選択ができるかどうかで、今まで見過ごしていたチャンスがわたしたちの目の前に突然現れるかもしれない。

POINT

外的恥を感じやすいタイプの人は、「行動したあとに起こりうるメリット」をイメージしてみよう

3

「自分はこうあるべき」が生む内的恥

次に恥の要因が自分の内側にある「内的恥」について見ていこう。**「自分はこうあるべき」という自分の美学から外れたときに感じるのが内的恥**である。**この恥は理想の自分と今の自分の相対化の中で生まれる。**

内的恥を感じやすいのは、理想の自分を常に思い描いて物事に取り組む、職人気質な人である。この人は「自分がどうあるべきか」が行動指針になっており、「自分のこだわり」という基準から離れることに恥を感じる。自分の理想から妥協せずに物事を突き詰める性格なので、何かを設計・実装する作業に向いている。デザイン関係やＩＴエンジニアなどにこのタイプの人が多い。

内的恥を感じやすい人は、自分への期待値が高い人でもある。理想の自分が明確にあるからこそ、今の自分の欠点が目についてしまうのだ。「自分のことが好きじゃないんです」という人は、本当は自分のことを嫌いなのではなく、自分への期待値が高すぎる人なのだ。この人は１００点満点のテストで80点採れたときに、「80点も採れた」ことよりも「20点落とした」ことを気にしてしまうタイプだ。

内的恥の原因となる美学とは、自分の「こうあるべき」というこだわりだ。そして内的恥を感じるのは、この「こだわり」をつい捨ててしまったときだ。「本当はしたかったけど、しなかった」ときと「本当はしたくなかったけど、してしまった」ときに、自分を情けなく思うのだ。

内的恥を感じやすい人は、逆に外的恥を感じにくいという特性がある。それは自分の行動指針が「自分がどうあるべきか」であるがゆえに、物事を判断するときに「人から自分がどう見られているか」を気にせず行動できるからである。つまり新しいことにも、周りの目を気にせずに思い切ってチャレンジしやすい性格なのだ。それは、どうしても外的恥を感じてしまう人から見れば大きな強みだろう。

内的恥を生み出す「こうあるべき」という美学は仕事という領域ではプロフェッショナルとして品質を担保するうえで重要な役割を果たす。しかし内的恥はわたしたち個人の勝手なこだわりから生まれているともいえる。
あなたが大切に思っているその美学は、周りの人からすると実はどうでも良いことなのかもしれないという気づきが、内的恥を克服する第一歩になるだろう。自分のことだけでなく周りに目を向けることで、客観的に自分の恥を見つめ直すことができるのだ。

POINT

あなたの「こうあるべき」という美学は、他人にはどうでも良いことかもしれない

初歩期の恥

新しいことを始めたばかりのときにかく恥

初歩期の恥は、新しい領域にチャレンジしているときに感じる恥。何事もスムーズにいかないことから、理想の自分とのギャップが生まれ恥を感じやすい。経験が浅いにもかかわらず無意識に「尊敬されよう」と行動してしまうと失敗する。始めたばかりだからしょうがない。今はどんな恥をかいてもいい。ここからは初歩期にわたしたちが出会う恥とそのシチュエーションを見ていこう。

初歩期の恥

1

知ったかぶりを ついしてしまう

外的恥タイプの人へのアドバイス

「そんなことも知らないのか」と思われたくないという外的恥が原因で、わたしたちは知ったかぶりをしてしまう。知ったかぶりをすることの最大のリスクは、あなたも知っている前提で仕事が進んでしまうことだ。

「聞くのが恥ずかしくて言い出せなかったんですけど」と、正直に知らなかったことを聞こう。時間が経つほど傷は深くなる。待つことでタイミングがよくなることはない。**言い出すのが遅いほど、「もっと早く言えよ」と言われるのは明らかだ**。今からでも遅くない。さらけ出す勇気を出したあなたを責める人はいないはずだ。

内的恥タイプの人へのアドバイス

知らない自分に恥を感じ、知ったかぶりをすることを選んだあなたは、それによって新しい知識を学ぶチャンスをひとつ失ってしまった。**「知らないことが存在する自分」に恥を感じている以上、このチャンスロスは何度でもやってくる**。「始めたばかりなら知らないのは当たり前」という常識を、自分にも当てはめてあげよう。知ったかぶりをしたのは、あなただけが悪いわけではない。話した相手もあなたの経験が浅いことを知っていたなら、その前提であなたに向き合う必要があったのだ。そんな配慮の足りない相手のためにも、知らないことは聞いてしまおう。

初歩期の恥

2

不意の質問に取り繕って答えてしまう

外的恥タイプの人へのアドバイス

考えてもいなかったことを質問されたとき、焦って適当なことを言って取り繕ってしまうのは「考えの足りない奴だ」と思われるのが怖いことが原因だ。このときのあなたのリカバリー次第で、今後あなたが信用される人になるかどうかが左右される。今の段階で明確な答えがないことを恥じてはいけない。**取り繕った瞬間に、あなたは信頼を失う。恥という感情に信頼を奪われてはいけない**。どんな不意の質問であっても、今のあなたが確実に言えることだけを答えるべきだ。答えられないときは、「なるほど、そこは全然考えていませんでした！」でもいい。

内的恥タイプの人へのアドバイス

取り繕って答えてしまったことで、あなたの内的恥は顔を出す。「何であんなこと言ってしまったんだろう」と。おそらく適当なことを喋っている間に、すでにあなたの後悔は始まっていたのではないか。今からでも遅くない。「**……と言いましたが、正直あまり考えていませんでした」と勇気を持って正直に言おう**。お茶目に言えば大丈夫。瞬間的に必死に取り繕ったということは、あなたが真剣にそのプロジェクトに取り組んでいるという証拠でもある。せっかく真剣に取り組んでいるにもかかわらず、そこで信用を失うのはもったいない。

初歩期の恥

3

分からないことを自分一人で解決しようとする

外的恥タイプの人へのアドバイス

できない自分の姿を人に見せたくないという外的恥が原因で、何でも自分一人で解決しようとする人がいる。責任感を持って仕事に取り組むのは確かに大切だが、そもそも誰もあなた一人で解決することを期待してはいない。わからないこと、解決できないことは、どんどん周りに聞いてみよう。聞くことで、あなた自身の現状の知識や経験を周りに知ってもらうことができる。理解してもらえることで、働きやすくなるだろう。また**一人で悩んでいる時間は会社やチームにとってはコストという一面もある**。そのコストは、あなたが恥を乗り越えるだけで削減できる。コストを効率化するという意味でも、自分一人で解決できないことは誰かの手を借りよう。

内的恥タイプの人へのアドバイス

自分ひとりでは解決できずに誰かの手を借りたことで「自分はまだまだ未熟で駄目だなあ」と悔しい気持ちと自責の念を感じる必要はない。今はまだ成果が感じられない時期かもしれないが、誰にでもそんな時期はある。あなたがダメなのではなく、何かを始めたばかりの初歩期という時期はそういうものなのだ。人の手を借りたことで、その人との親交が深くなっただろう。**あなたを助けてくれたその人が、困っている様子を目にしたときに恩返しすればそれでいい。**

初歩期の恥

4

自信がなくてもできるフリをしてしまう

 外的恥タイプの人へのアドバイス

わたしたちができるフリをしてしまうのは、できない自分を人に見せるのが恥ずかしいからだ。経験の浅い時期に「やったことがないこと」があるのは恥ずかしいことではない。チャレンジするのは大切だが、できるフリをしてはいけない。**「やったことはありませんがやってみます」この一言があるだけで、仕事をあなたに依頼した方は、いざというときにカバーできるよう構えが変わる**だろう。

 内的恥タイプの人へのアドバイス

できるフリをよくしてしまうあなたは、「自分ができない」という状態が許せない人である。**もしあなたの「できるフリ」が継続できてしまっているとしたら、ぜひ周りを見回してみてほしい。あなたの「フリ」をカバーしてくれている優しい人が近くにきっといる**はずだ。その人を見つけたらそっと感謝の気持ちを伝えよう。それはあなたの恥を理解して何も言わずに寄り添ってくれた人だ。「ここができないので手伝ってもらえますか？」と、まずはその人に正直になることから始めてみよう。そしてそんな優しい人のことは、ずっと大切にしよう。

初歩期の恥

まとめ

こうした初歩期の恥行動は、「尊敬されよう」とすることに原因がある。あなたの経験が浅いことは、周りも知っている。そんなハードルが下がりきった状況にもかかわらず恥を感じてしまうのは、自分で勝手に描いた理想の自分が邪魔をしているのだ。始めたばかりだからしょうがない。肩の力を抜いて素直になろう。

研鑽期の恥

上達しようと努力
しているときにかく恥

研鑽期の恥は、もっとうまくなりたいと努力しているときに出会う恥である。「まだできなくて当然な人」という前提に立っていた初歩期とちがい、研鑽期では「ある程度できるようになったはずだ」という前提を強要される。経験を積んだことで周りからのハードルも、自分自身に対して設定するハードルも上がったことで恥を感じる。しかしあなたはまだ努力の過程である。知らないことも、分からないことも、できないこともまだあって当然なのだ。

研鑽期の恥

1

今さらできないとは言えない

外的恥タイプの人へのアドバイス

素直にできないと言えないという点では、初歩期の外的恥にも似ているが少し性質が違う。研鑽期では経験が溜まったからこそ、自分の中の「これくらいの経験があれば、これくらい知っていて当然だろう」という「常識」から恥が生まれる。初歩期のできるフリをそのまま放置してしまうと、できるようになる機会を失ってしまうのだ。あなたは、何でもできる人である必要はない。ここは思い切って後輩にやり方を聞いてみよう。完璧であろうとしている人ほど、後輩には意外な一面に見えて距離が縮まるかもしれない。「**いまさらできないとは言えない**」**という状況は、時間が経てば経つほど言えなくなってしまうのだ。**

内的恥タイプの人へのアドバイス

人は歳を重ねるごとに「こうあるべき」という決めつけが多くなる。ルールを決めて、それを基準に生きることで日々の判断が楽になるからである。しかしそのルールが、自分を縛り付けるものにもなってしまう。組織の中では、年次が上がるほどに「先輩は立派であるべき」という強迫観念が働いてしまう。また研鑽期においては「頑張った割に、自分の期待以上にできるようにならない」ことを自分が許せないという気持ちも生まれやすい。**あなたはまだ過程にいる。焦る必要はない。**

研鑽期の恥

2

自分の得意なことしかやりたくない

外的恥タイプの人へのアドバイス

　できることが増えるのと同時に、自分の得意不得意が分かってくるのもこの時期の特徴だ。同時に経験を積んだことで、できない自分を人に見せたくないという外的恥も強くなる。しかし、できない自分を人に見せることを「恥」だと思ったままいると、新しいことにチャレンジできなくなってしまう。挑戦するときはどんなときも、まだできない自分と向き合う必要があるからだ。自分の得意なことだけやるのは楽だが、できることは増えない。「**自分が不得意なことは得意な人に任せよう」という考え方もあるが、それを続けているといつまでも知見と経験値があなたに溜まっていかない**のである。

内的恥タイプの人へのアドバイス

　できること、得意なことだけをやるのは一見一番ラクに見える。それはできない自分と向き合わずに済むからである。しかしそれでは、いつまでも自分の想像を超える成果は出ないということにあなたも薄々気づいているはずだ。**最初から「これはわたしの得意分野ではない」と向き合うことすら諦めてしまうと、あなたのまだ見ぬ可能性と出会うチャンスを見逃してしまう**。最終的には人を頼ってでもいい。得意分野でなくても、自分なりの仮説を持って考えるだけで、あなたの知見は大きく深まる。

研鑽期の恥

3

他人の成果を認めたくない

 外的恥タイプの人へのアドバイス

自分が努力しているときほど、周りの成果が気になるものだ。自分が頑張っているときに、同じ領域で自分よりも目立つ成果を上げている人がいると「私だってこんなに頑張っているのに、何であの人だけ」と妬む気持ちで心がざわつくものだ。

今気になる人がいるとすれば、それはきっとあなたと年齢や役割が近い人だろう。しかし10年後も互いに同じキャリアを歩んでいるとは限らない。**本当のライバルはすでにあなたの視界の中にいる人ではなく、まだ見ぬ誰か**なのだ。今あなたに見えている誰かの業績に一喜一憂している場合ではない。

 内的恥タイプの人へのアドバイス

成功しているように見えるあの人も突然成果が出たわけではなく、あなたの見えていないところで努力をしている。内的恥が強い人が他人の成果が認められないときは、自分の成果を過小評価している場合がある。内的恥を感じるタイプの人は、成果よりも自分のできなかったことが気になってしまうからだ。**自分がどんな成果が残せているか、一度見直してみよう**。試しに自分のプロフィールを200〜300字程度にまとめてみることをオススメする。

研鑽期の恥

4

頑張っている姿を他人に見せたくない

外的恥タイプの人へのアドバイス

頑張っている姿を他人に見せるのが恥ずかしいという人がいる。この恥は、頑張るのが「当たり前」だった初歩期よりも研鑽期に感じる人が多い。「頑張ってるアピール」をしていると思われる、あるいは「十分経験を積んでいるのに、まだ頑張らないとできないのか」と冷ややかな視線を浴びせられる——そんな他人のリアクションを想像して恥を感じてしまうのだ。しかしそれは機会損失である。上手になろうともがいている時期の**あなたがこれからどこに向かおうとしているのか、周りに知ってもらうためには、努力の過程を見てもらうのが一番**だ。

内的恥タイプの人へのアドバイス

内的恥を感じるタイプの人で、頑張っている姿を見せたくない人には2種類いる。前者は、努力をさほどしないでも完璧にこなせる自分を理想としている人だ。この人は常に自分への期待値が高く、幻想に近い理想を抱いてしまっている。経験値はあるのにまだ頑張らなくてはいけない未熟な自分を認めたくないのである。そして後者は、頑張ること自体をカッコ悪いことだと思っている人だ。このタイプの人は、まず自分の人を見る目から改めなければならない。**他人のことを見て「ダサい」とラベルを貼るモノの見方が、鏡のようにそのまま自分にはね返ってきている**のだ。

研鑽期の恥

5

周りに協力をお願いできない

 外的恥タイプの人へのアドバイス

うまくなろうともがいている研鑽期は、周囲の協力を得ながら進めるほうが効率的に上達する。しかし私たちは他人に「教えてほしい」「手伝ってほしい」と素直にお願いすることがなかなかできない。人の時間や労力を割くことに対してためらってしまうあなたは、人の気持ちを優先できる優しい人だ。

しかし**前向きに努力をしているあなたには、人に協力をお願いする権利がある**。もしそれができない空気を感じているなら、それはあなた自身が他人の目を勝手に想像して生み出している。少し勇気を出して身近な人にお願いしてみよう。喜んで手伝ってくれるはずだ。

 内的恥タイプの人へのアドバイス

内的恥の強いあなたは自分でなんとかしようと、意地を張ってしまう人だ。「一人で何でもできる自分であるべき」という思い込みから、誰かの手を借りることを「負け」や「失敗」と捉えてしまう。あなたは自分に頼りすぎる。**見方を変えると、誰かの手を借りることは情報の共有にもなる**。先輩の手を借りれば、あなたの努力や成果も過程から共有することができる。後輩の手を借りれば、あなたの知見やノウハウを後輩に伝えることもできる。誰かの手を借りることは、時に借りたその人のためにもなるのだ。一人で何でもできることは、必ずしも美徳ではない。

研鑽期の恥

まとめ

後輩でもあり、先輩でもある研鑽期は何かと悩みの多い時期である。不安のほうが大きかった初歩期から経験を重ねたことで自信がついてきた頃とはいえ、自信と不安の天秤はほんの些細な出来事でバランスを崩してしまう。「わたし意外とできるじゃん」と思っていたら油断して大きな失敗をする。逆にいつまでも若手のつもりで仕事をしていると、「周りから頼りがいのない人だ」と思われてしまう。ひとつの仕事に就いて3〜5年目くらいの人が一度悩む時期にあたるだろう。

あなたはまだ、上達しようと努力を重ねる過程にあることを忘れてはいけない。知らないことも、わからないことも、できないこともあって当然なのだ。もし研鑽期の恥に押しつぶされそうになっていたとしたら、そのことを思い出して一度無責任に言ってみよう。「分かりません、教えてください」と。

熟練期の恥

周りよりできるように なったときにかく恥

熟練期の恥は、皆の先輩になったときにかく恥である。恥は若手だけのものではない。失敗できない立場で周りの目を意識して外的恥は大きくなり、仕事に対する美学も明確になることで内的恥も感じやすい。年齢や経験値が上がるほど、人は素直に自分の思いや感情を表に出せなくなってしまう。本当は嬉しいのに、素直にありがとうと言えない。本当は間違ったのは自分だとわかっているのに、素直に謝れない。歳を重ねるごとにわたしたちは本心をさらけ出すことを恥ずかしいと感じ、隠すようになってしまう。恥が大きく凝り固まってしまうことで、心と行動にねじれを生み出している。経験値が多いほど無意識に尊敬されようという力学が働く熟練期の恥は、素直になれない分やっかいな恥である。この時期の「できるがゆえに、できない」という特殊な恥は初歩・研鑽期の人には理解しがたいからこそ、素直にさらけ出すことが大切だ。

熟練期の恥

1

もう素直には謝れない

 外的恥タイプの人へのアドバイス

間違ったことを言ってしまったり、ついその場しのぎな発言をしてしまったとき、私達は大きな焦りと悩みに直面する。「訂正したほうがいいだろうか」「でも今更何と言えばいいだろうか」このループに脳内を支配され、そのあとの会話は全く頭に入ってこない。間違ったという事実だけでも恥ずかしいのに、さらにそれを訂正することで二重の恥をかくことになる。特に年配者は尊敬される対象であるべきという思い込みからかっこ悪い姿を人に見せたくない。でも本当は自分が一番わかっている。素直に謝ったほうがいいということを。**「尊敬される先輩よりも、愛される先輩になるためにはどうしたらいいか」という問いに、すべての答えが詰まっている。**「先程のは、その場しのぎな発言でした。訂正します」と素直に言ったほうが、あなたは愛されるだろう。

 内的恥タイプの人へのアドバイス

あなたが若手の頃、このように素直に謝れない先輩を目にして「あんな先輩にだけはなりたくない」と一度は心に誓った経験があるのではないだろうか。しかしいざ自分がその立場になると、心と行動がねじれてしまっているために、意図に反してそのような行動に出てしまうのだ。「素直になれない人」になりたかった人はいないだろう。もし自分の言動に対して後悔の念が生まれたのであれば、次の機会でもいい。みんなの前で謝るのがかっこ悪いと思うのであれば、個別でもいい。**「あのときはすまなかった。恥ずかしくて素直になれなかった」と今抱えている恥と一緒に伝えよう。**なりたくなかった先輩にならないために、他人に恥をさらけ出そう。

熟練期の恥

2

気に入らないと すぐに 怒ってしまう

 外的恥タイプの人へのアドバイス

人が怒るのは、大抵自分の立場が脅かされたときだ。怒ることで自分が恥をかくことを回避しようとしている。相手を攻撃することで、自分のメンツを守っている。人前で部下を叱責する上司は、怒りで自分の存在価値を示そうとしている。部下の成長のためであれば、個別に注意すれば済む。怒りで相手を制圧し自分が優位に立つことで承認欲求を満たそうとしているという側面もある。公共機関の中などで相手を叱責する人は、反撃ができないということを理解したうえで上下関係をつくろうとしている小心者である。**怒りやすい人は一見自信家に見えるが、実は自分と人の上下の関係性を常に気にしている。**自分が怒りっぽいという自覚があれば「わたしは自信がありません」と大声で言っているようなものだということを理解しよう。

 内的恥タイプの人へのアドバイス

よく怒る人は、自分への期待値が特に高い人だ。理想が高いために、その独自の基準を満たしてくれない相手に対しても苛立ちを隠せないのである。**理想から離れる自分を恥に感じるだけでなく、その理想の基準を相手にも強要してしまう。**言うまでもないが、誰かを自分の怒りで心理的に追い込んでも良いことはひとつもない。怒っているあなたの姿は、周りからは冷ややかな目で見られているということを自覚しなければならない。しかし見方を変えると、あなたは怒りを覚えるほどに自分の美学を信じて理想を実現することができる人なのだ。そのチカラの使い方を間違えてはいけない。

熟練期の恥

3

後輩への指導や注意を躊躇してしまう

 外的恥タイプの人へのアドバイス

組織内で年長者になると、若手や後輩を指導する機会も増えるだろう。新人のトレーナーになったり、社内向けの研修などで講師を務める人もいるかもしれない。注意や指導をすることも勇気のいることだ。**「誇れるような経歴もないわたしが、人に指導できる立場なんだろうか」と不安になる。一見謙遜しているように見えるが、結局自分がどう見られるかが気になっている。**指導した相手から「めんどうな人」「口うるさい人」と思われたくない。相手の自分への尊敬がなかったときに、自分の指導が空回りするのが怖い。しかしあなたはトレーナーや研修をお願いされるほどに、経験を積んできた。堂々と指導しよう。先に知っていれば回避できた失敗やミスもある。彼らの先をゆくあなたがその先の道のりを伝えるだけで、後輩たちには大きな意味があるのだ。

内的恥タイプの人へのアドバイス

指導や注意ができない人のパターンとして、偉そうにしている自分を見るのが恥ずかしいという内的恥が強いタイプの人がいる。トレーナーや講義の依頼があった時点で、あなたは十分にそれに値する経験が蓄積されていると周りからは見られている。どうしても、自分への恥が頭にチラつくときはこう考えてほしい。あなたのためでなく、彼らのために恥をかく勇気を持ってほしい。若手の子たちが実戦の場で恥をかかないために、先回りして身代わりになって恥をかいてあげてほしい。**後輩への指導や注意は、あなたが彼らのためにできる恥の肩代わりなのだ。**

初歩期の恥

4

その場を盛り上げようと茶化してしまう

外的恥タイプの人へのアドバイス

他人を下げることで笑いをとろうとする「茶化す」という行為は、人の心に恥を植えつける危険な行為である。自分がその打ち合わせや会話の中でムードをつくる役割であると思っている人ほど、人を茶化す傾向にある。これは自分のムードを作るという責任を、笑いものにした相手に払わせているのである。この行為のやっかいなところは、茶化した本人に悪気がないところにある。目に入ったものに対し反射的に行われるために、見た目や服装など分かりやすいものが対象になるのもタチが悪い。どの発言も本人は「場を明るくしよう」とか「みんなが参加できる話題を提供しよう」と思って発言したのに対し、言われた本人は出会い頭に大きな恥を押し付けられる。**笑いをとるために下げるなら、他人ではなく自分をネタにしよう**。恥を人に押し付けてしまってはいけない。

内的恥タイプの人へのアドバイス

他人を茶化す行為は、人に恥を植え付けてしまう非道な行為である。これはもう弁解の余地がない。その行為を後悔し、あなたが内的恥を感じることができたとしたらそれが唯一の救いだ。もし最近「やってしまったかも」と思い当たる節があったら、まず本人に謝ろう。あなたにきっと悪気はなかったのだろう。**「素敵だと思ったんだけど、間をもたせるために、ついイジっちゃってごめんね」と、行為の原因となった自分の弱さを認めて謝ろう**。これで2人の絆はこれまでよりも深まるはずだ。

初歩期の恥

5

今さら新しいことを始められない

外的恥タイプの人へのアドバイス

熟練期で最も注意すべき外的恥がこの恥である。初歩期や研鑽期のように何でも挑戦できた頃と違い、今の立場や年齢で新しいことにチャレンジすることを恥と感じてしまうのである。それはもう一度チャレンジャーになることへの恥ずかしさだ。別の領域にチャレンジすることで「都落ち」だと思われるのではないか。プロフェッショナルになれなかった、中途半端なやつだと思われるのではないか。そのような恐怖がチラついて、新たな一歩を踏み出すことを躊躇してしまうのだ。これはあなたのまだ見ぬ可能性を奪ってしまう大きな原因である。新たな領域へのチャレンジは、「最初の一歩」ではなく「地続きの一歩」なのだ。最初の一歩だと思うと躊躇してしまうが、これまでのキャリアが無駄になることはない。**経験を積んできたあなたが踏み出す次の一歩は、もう「最初の一歩」ではない。**

内的恥タイプの人へのアドバイス

ここで内的恥を感じる人は、チャレンジしている自分をカッコ悪いと考える人である。実績があるがゆえに、ここまでやってきたというプライドがあなたを邪魔する。ここまで来たのに、まだもがいてジタバタしている自分の姿を自分で見たくないのである。しかしこれからは人生100年時代。ひとつのことを極めただけでは、ラクできそうにない。「今更わたしなんか」とあなたがもし思っていたとしたら、それはチャンスでもある。なぜかというと、同じ境遇の人たちも皆同じように恥を感じて行動できていないからである。結果、あなたが恥を感じた場所にまだ需要が残っている可能性がある。内的恥が強い人は、外的恥を感じにくい。**多くの人が周りの目を気にして行動できていない中、この内的恥を乗り越えられると、あなたには新しい大きなチャンスが待っている**かもしれない。

熟練期の恥

まとめ

みんなの先輩になる熟練期は、周りから、そして自分自身の期待も大きくなるがゆえに、恥を乗り越えるのに大きな勇気が必要になる。この時期の恥は「できるがゆえに、できない」という少し特殊なものなので、なかなか初歩期、研鑽期の人には理解してもらえないかもしれない。その結果、空気の読めない「イタいオジさん・オバさん」と勘違いされてしまうことも少なくない。でも、そんなあなたの実体は、いまだに恥を恐れる可愛らしい人なのだ。この恥を勇気を出して皆にもさらけ出せば、あなただって「可愛げのある先輩」になれる。少し前の自分を思い出して、「なりたくなかった先輩像」に自分が近づいていないかチェックしてみよう。

4

自分のことが嫌いな人の恥

「わたし自分のことが嫌いなんです」という人は、無理に好きになろうとしてはいけない。日本には謙遜の文化もあるが、実際「自分のことが好きだ」と胸を張って言える人のほうが少ないのではないだろうか。SNSに自分を投稿する人たちは、一見「自分大好き」に見えるが一概にそうとも言えない。毎日投稿を続けるのは、自分を肯定してほしいからである（少なくとも僕はそうだ）。「自分のことが嫌いだ」と言う原因も外的恥と内的恥にある。

外的恥が原因となっている場合は、人の良い面と自分の悪い面を比べて、自分に厳しい比較をしてしまっている。周囲の目を気にし、謙遜して「自分のことが嫌い」と言っているうちに本当に嫌いになってしまった人も少なくないだろう。背景には自分で「自分が嫌い」と先に明言することで、あとで他人から嫌われたり失望されたくないという気持ちが隠れている。自分で先に自分を否定することで、他人からの評価で自分が傷つくのを回避しようとしているのだ。

内的恥が原因となっている場合は、自分への理想が高い人だ。「自分が嫌いだ」と言っているのに、自分への理想が高いというのは一見矛盾しているように見える。しかし自分への過度な期待に応えられない自分が嫌いになってしまっている。このような人は、真面目で責任感が強く、自分を減点方式で見てしまう。何か問題が起こったときに、かかわった人みんなに非があったとしても、あなたは「わたしのせいだ」と自分を責めてしまうだろう。

誰しも何かしらの劣等感は持っている。しかし劣等感は努力の原動力でもある。僕は入社して希望の部署に配属されなかったとき、先輩に「センスは磨くもの」だと言われて勇気が出た。

広告に限らずクリエイティブと呼ばれる仕事をしている人たちは、生まれ持った特殊な才能があるように見えるが、実は陰で自分をせっせと磨いている。一見オシャレで華やかに見える業界で働いている人ほど、実は劣等感が強かったりするものだ。

無理に自分を好きになろうとしなくてもいい。自己肯定ではなく、自己受容ができればいい。自分のことを嫌いな人がとるべき作戦は、その嫌いなところを恥ずかしがらずにさらけ出すことだ。コンプレックスがあれば、自己紹介でその話をすればいい。人見知りなら、最初に「わたしめちゃくちゃ人見知りなんです」と言えばいい。あなたが嫌だと思っている自分の特徴も、さらけ出すことで皆に興味を持ってもらえるチャームポイントになる。

POINT

自分の嫌いなところを恥ずかしがらずにさらけ出してみよう

5 今の自分を受け入れる肯定的なあきらめ

無理に自己肯定感を高めようとしてはいけない。恥をかくために必要になるのが、自分自身に対する「肯定的なあきらめ」である。まだできないことを恥に思って、いつまでも留まっているとわたしたちは前には進めない。これはいわゆる「自己肯定感を高めよう」という話ではない。むしろ**自己肯定感は無理に高めようとすると、恥が大きくなる。**

内的恥を感じやすい人が自己肯定感を無理に高めようとすると、自分への期待値をさらに上げてしまう。そもそも自己肯定感を高めようとする時点で、わたしたちは今の自分を否定することになる。結果、自分への期待値と今の自分のギャップは大きくなり、逆に自己否定の気持ちが強まってしまうのだ。

まずは、一度あきらめよう。必要なのはすべての自分を好評価する自己肯定ではな

さらに恥は大きくなる

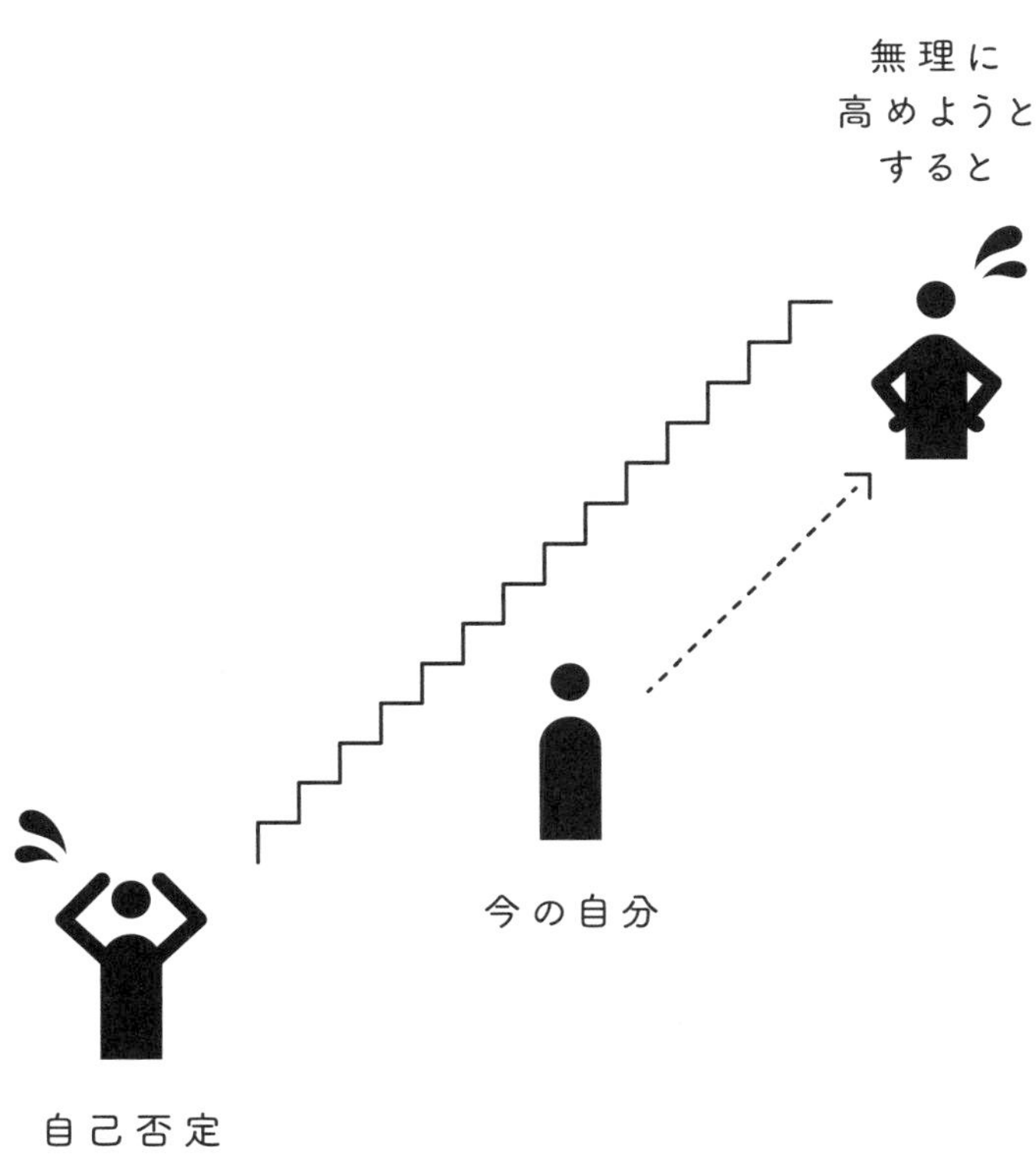

く、自分の良い面も悪い面も受け入れる「自己受容」である。一言でいうと「ま、いっか」という肯定的なあきらめだ。そしてあなたを大切にしてくれる人を大切にしよう。家族、友人、恋人、誰だっていい。あなたの良い面も悪い面も受け入れてくれるその人たちは、あなた自身が自分の両面を受け入れるうえで大きな助けになる。もっと他人に興味を持とう。自分の理想ばかり追う人は、良くも悪くも自分ばかりに関心が集まる。すでにあなたの周りの人は、できないあなたをカバーしてくれる力になってくれる人かもしれない。

外的恥を感じる人は、他人が持っていて自分が持っていないものを数えてしまう。あの人はできるのに、わたしはできない。あの人は評価されているのに、わたしは評価されていない。あの人はフォロワーが多いのに、わたしは少ない。このように他人にはあって自分にはないものに悩まされてしまう。他人の持っているものに目を奪われていると、自分が持っていないことが気になってそこで思考停止してしまう。そしていま自分が持っているものをどう活かせばいいかという知恵が働かなくなってしまうのだ。

そんな人はまずスマホを置いてみよう。人はスマホから目に入る情報が他人と自分を比較する大きな要因になっていることは間違いない。いっそのことSNSのアプリをスマホから消してしまうのもひとつの手だ。スマホの機能で指定のアプリの使用時間を制限することもできる。妬ましく思ってしまうような相手がいればSNSのフォローを外せばいい。ブロックしたって構わない。

他人と比較してしまう原因を日々の生活の中で減らすことで、自分に集中できる時間が生まれる。そして、**自分が今持っている知識や経験でできることを探そう。**自分の持っている知識や経験を人に共有しよう。人に共有することで、自分自身も自分の経験やスキルを把握することができる。

POINT

自己肯定感を無理に高めようとしてはいけない

6

知ると得する他人の恥

恥を理解することは、人を理解することにつながる。まず自分が外的恥と内的恥のどちらを感じやすいタイプなのかを考えてみよう。外的恥を感じる人は周りの目を気にしすぎてしまうのが玉に瑕だが、その分周囲の考えていることを敏感に察知して動くことができる。内的恥を感じる人は、理想が高く周りの人にも同じレベルの努力や成果を求めてしまうが、それゆえにチームを力強く引っ張っていくことができる。自分の性質を理解していれば、恥もポジティブな方向に活かすことができる。自分の中の恥の性質が変わったときは、初歩期から、研鑽期、そして熟練期へと経験を積んできた証拠である。経験はなくならない唯一の資産だ。

自分の恥だけでなく、他人の恥も知ろう。恥は他人を理解するうえでも大きな役割を果たす。突然怒ったり、固執したり、謝らなかったり、これまであなたが「理解不能」と感じてきた他人の行動の裏側ではその人の恥が悪さをさせている。相手を支配している恥を理解していれば、その感情を刺激しないように行動できる。そして相手がどちらの恥を感じやすいタイプなのかによって、向き合い方や相手へのアドバイスも変わってくる。

外的恥を感じやすい先輩は、頼ってあげよう。彼らは周りの目を気にする小心者なので、自分が周りに威厳を保てているかを不安に感じている。あなたに対しても恥を感じているのだ。仕事の相談や報告をこまめにすると、相手の心理的安全性も保たれるので、これまでよりも良い関係を築けるだろう。

内的恥を感じやすい先輩とは、適度な良い距離感を保とう。理想が高いその人は時にその価値観をあなたにも押しつけてくることがあるかもしれない。本人の基準に達していないときに怒ってしまう人も多い。そんなときは、あなたが悪いわけではない。その人は自分の理想を守るために怒っているのだ。

外的恥を感じる後輩は、守ってあげよう。周りから茶化されたり、恥を押しつけられそうな状況を避けてあげよう。矢面に立つときは、先輩である自分も一緒に立つ。常にチームとして動くことで、個人の恥を感じにくくなる。

内的恥を感じる後輩は、目を外に向けさせよう。失敗や思ったような成果が出ないときも「君のせいじゃない」と外部要因にも目を向けられるようにしてあげよう。そうすることで、自分に課した理想という呪いを軽減させてあげられるはずだ。一方で、内的恥が強い人は周りの目をあまり気にせず外的恥を感じにくい。新しいことにどんどんチャレンジできる環境を用意してあげると、貪欲に成長できるかもしれない。

相手がどちらのタイプかを見分ける方法がある。「最近一番恥ずかしかったことはなんですか?」と聞いてみるといい。その話が、周りの目を意識したものであれば外的恥タイプ。そんな自分が恥ずかしいという話だったら内的恥タイプである。あなたが最近一番恥ずかしかったことはなんだろうか。

POINT

自分の恥だけでなく、他人の恥を知ると人付き合いがラクになる

4章

いくつになっても恥をかける人になる

1

恥ずかしいのはチャレンジできている証拠だ

実は恥をかかなくても済む方法がひとつある。それは人のせいにすることだ。「あの人がこう言ったから」「決まったことだから」と、自分の責任を放棄して人のせいにすることで、わたしたちは恥を感じなくても済むのだ。

自分で考えることも判断することも止めて人に言われたとおりに行動すれば、わたしたちは恥をかかない。指示や判断を先輩や上司に仰いでいる間、何か大きな失敗が起こったとしても「わたしのせいではない」「自分が決めたわけではない」と心のどこかで思っていたはずだ。わたしたちは自分の責任を放棄することで、恥を感じることから逃げることができる。

打ち合わせで意見を言わないのも、人前で質問しないのも、恥を回避するために自分の責任を放棄する行為なのだ。自分の発言や決定によって、仕事がうまくいかないと恥をかくことになるのは自分だ。もしあなたがその仕事の責任者だったら、知らないことや分からないことを放置できただろうか。なんとか成功させようと、知らないことも必死に聞いて回っていただろう。

自分で責任を負わない限り、私たちは恥をかくことができない。ポジティブな見方をすると、今あなたが恥ずかしい状況にいるとしたら、あなたは人のせいにせずに「自分で責任を負うことができている」ということだ。**恥ずかしいと感じることができているのは、自分で考えて責任持ってチャレンジできている証拠である。**そう考えると、恥という感情をポジティブに捉えることができるのではないだろうか。

恥はただわたしたちの前に立ちはだかる邪魔者ではない。頑張っている人だけに与えられる努力の勲章なのである。

「最近恥ずかしい思いをしていないなあ」と思ったあなたは、もう少し仕事で責任を引き受けてもいいのかもしれない。「これ僕にやらせてください」たったその一言でいい。それは大きなプロジェクトである必要はない。部下を何人も従える必要もない。簡単な資料づくりだっていい。誰でもできるような作業でもいい。「自分で考えて自分がやった」と思える仕事をひとつ受け持つだけでも、そこにはあなたの責任が生まれる。その仕事をあなたは適当には済ませないだろう。なぜなら下手な仕事は恥ずかしいからである。本気で向き合おうとしたあなただけに恥は与えられる。恥が少しポジティブな感情に見えてきそうではないだろうか。

「恥をかける人」は、応援される人だ。それは誰もが恥を避けたいと考えているにもかかわらず、自分で責任を負って行動しているからである。人のせいにして恥を回避する人を誰も応援しない。応援される力とは、恥をかく人だけが手に入れることができるのである。

POINT

仕事を任されて、はじめて恥をかくことができる

2

恥をかくことは無料でできる投資だ

今恥をかいているということは、チャレンジできている証拠だ。チャレンジには、恥はつきものだ。つまり恥は、新しい経験とスキルを手にするための「コスト」ともいうことができるだろう。

何事も自分の想いを実現するには、恥というコストが発生する。話題になった新しいビジネスや商品を見て「コレわたしも同じこと考えてた」と思ったことは一度はあるだろう。つまりアイデアを考えること自体は誰にでもできる。実現させることこそが最も難しく大変な作業なのだ。自分のアイデアを説明して、口説いて、人を巻き込んで実現に向けて前に進むその過程で、たくさんの恥というコストを払っている。自分の頭の中だけに留めたアイデアは誰の目にも触れず、恥をかくこともない。

恥をかくという行為は、誰でもお金をかけずにできる投資だ。恥をコストとして意識することで、新しい体験やスキルを手に入れるために恥がポジティブに見えてくるだろう。誰もがスマホを持ち、SNSで自分がメディアになれる1億総発信時代。新しいことにチャレンジする物理的なハードルは下がった一方で、他人の評価が数値化・可視化されて心理的なハードルは上がってしまった。わたしたちはこれから人生100年時代を生きる。その中で、今の仕事や職能と関係ない仕事に就くこともあるだろう。新しい体験やスキルを手に入れるために誰でも今すぐ無料で始められる投資が、「恥をかくこと」なのである。

わたしたちが恥を回避してしまう理由のひとつに、恥をかいた成果がすぐに現れるかどうか分からないという点がある。恥というコストを目の前で支払ったにもかかわらず、すぐに目に見えたリターンが返ってくるとは限らない。投資効果が見えにくい恥をかくという行為に対して、恥が自分に与えるストレスが「割に合わない」と感じた瞬間に恥を避けてしまうのである。

もし**あなたが今恥をかいているとしたら、恥を先行投資したと思おう。今感じている恥は、未来の自分に先回りして、今の自分が引き受けた恥**なのだ。心理的ハードルが一番高い最初の一歩を、今のあなたが未来の自分に代わって踏み出してあげたと考えよう。熟練期に進むほうが、初歩期や研鑽期よりも支払う恥のコストは大きくなる。

恥も早めに投資したほうが、のちのち有利に働くのである。
人は恥に免疫ができる。早めに恥に慣れることで、その後の自分がその恥に苦しめられずに済むようになる。そうすることで未来の自分は今の自分よりも積極的にチャレンジを選びとる体質になれるはずだ。

POINT

誰でも今すぐ無料で始められる投資。それは恥をかくこと

3

能力よりも姿勢を大事にするとラクになる

どうしても自分を他人と比べてしまう外的恥の強い人にアドバイスがある。それは「能力で戦うな。姿勢で戦え」ということだ。

能力は相対化される。能力を磨いていくことはキャリア形成において重要なプロセスだが、ここには大きな落とし穴がある。それは人の能力は相対化されてしまうということである。

この人のほうがうまい、あの人のほうが得意というように、能力は比較されてしまうものだ。仮に今自分が所属するコミュニティの中で、ある分野において誰よりも能力が高いと自負していたとしても、いつか必ず自分よりもできる人が現れる。能力に頼って生きていると、そこで揺らいだ自信を取り戻すことはできるだろうか。

自分の能力を自分の価値だと思いこんでいると、自分よりもできる人が現れた瞬間に自分を無価値だと勘違いしてしまう。能力で戦う舞台に自分が身を置くかぎり、いつか競り負ける瞬間はやってくる。

また能力は陳腐化する。専門的な知識は日々アップデートされる。わたしたちの能力も、磨かずにそのままにしておくと使えないモノになってしまう。

能力の価値を過信していると危険だ。そこで僕がお勧めしたいのが、**能力ではなく物事に取り組む「姿勢」を大切にする**ということだ。**姿勢は誰かと比べられて優劣を付けられるようなものでも、時間が立つと役立たなくなるようなものでもない**。その姿勢は必ずしも積極的であったり、活発である必要はない。慎重でも、丁寧でも、物静かでもいい。自分にあった姿勢を貫くことで、あなたの個性として際立ってくる。姿勢がよければ、能力は後回しでいい。そう考えられるようになると、今能力が足りなくても恥ずかしくない。

2019年、僕は数ヶ月の間シンガポールとシドニーのGoogleに出向して仕事をする機会に恵まれた。初めて海外で英語を使って仕事をしてみて思ったのは、「苦手」とは自分の出来不出来のことではなく意識の問題だということだ。苦手意識という言葉のとおり、苦手という壁は、能力の問題ではなく、自分の意識がつくっているのである。自分で「できない」と決めつけてしまい、別の方法を探すことをあきらめてしまうのだ。

日本語でも難しい企画の打ち合わせや提案を英語で行うのはさらにハードルが高い。しかし事前に資料を日本語のときよりも細かくビジュアルも交えてつくれば、伝えやすくなる。チームメンバーをランチに誘って日常のコミュニケーションを積極的にとることで、打ち合わせでは伝えられなかった想いや疑問をフラットな場でぶつけることもできる。

このことから僕が大事にしているマイルールがひとつある。それは「**アビリティよりメンタリティ**」というものだ。「できること」に自信がなくて恥ずかしかったとしても、取り組む「姿勢」に自信を持つことで、勇気を持って一歩を踏み出すことができる。自分自身の心理的ハードルを下げるために自分に言い聞かせているマイルールだ。

POINT

「苦手」という壁は、自分の意識がつくっている

4

「恥ずかしい」を越える情熱と出会う方法

恥という感情を乗り越えるうえで一番効果的で根本的な方法は、自分自身を「恥をかける体質」にすることだ。その方法とは自分の「恥ずかしい」を超えて情熱を傾けられるものと出会うことである。

最初の一歩が踏み出せない。新しく始めたことが続かない。これはどちらもその行動に対するあなたの情熱と恥を天秤にかけたときに、情熱が恥を上回らなかっただけなのだ。

僕は「あなたには情熱が足りない」という話がしたいわけではない。情熱が恥を上回らないのは、目の前のことをあなたがそこまで好きではないからだ。好きなことであれば体が勝手に行動し、一歩目も継続もつらくない。あなたが恥を超えて情熱を捧げられるものを見つけられたとき、あなたの恥への免疫力は飛躍的に高まる。

本当にやりたいことがあれば、あらゆる手を尽くすだろう。自分でも驚くような大胆な行動もできてしまう。本当にやりたい仕事が見つかれば、企画書を書いて上司に直談判すればいい。本当に会いたい人がいれば、SNSでメッセージを送ればいい。普段このような「大胆な行動」を阻止しているのは、紛れもなく恥だ。

自分の「やってみたいこと」が何か分からないという人は多い。**情熱を傾けられることに出会うための方法は「誰にも頼まれていないけど、ついやってしまうこと」をやってみることである。**そこには、あなたも気づいていない自分の好きと情熱が隠れている。

最初は何だっていい。立派なことでなくてもいい。今は誰かの「好き」が、SNSで人の役に立つ時代である。お菓子が好きなら、お菓子の食べ比べをツイッターで紹介すればいい。洋服が好きなら、買った服の写真をインスタグラムに投稿すればいい。掃除が好きなら、自分なりの掃除のコツをブログにまとめればいい。

好きから始まる行動は、最初の一歩のハードルも、継続のハードルも低い。この「ついやってしまうこと」を見つけることは、あなたも気づいていない自分の才能と出会う大きなチャンスなのだ。一方的で自分本位な好きという感情から始まる行動は、恥を都合よく無視することができる可能性を秘めている。

努力は好きには敵わない。好きがあれば、始められるし続けられる。逆に好きでもないものは、始めることも続けることも難しい。何事も好きであることこそが最大の才能といえるだろう。興味があるということは素晴らしいことなのだ。あなたの恥を超える、情熱を探してみよう。

POINT

「ついやってしまうこと」が、恥を乗り越える鍵になる

5

恥をかけると応援される人になる

わたしたちが無意識に尊敬されようとしてしまうのは、恥から自由になれていないからである。恥の感情は今の自分を否定してしまい、マイナス分を自分で補おうという気持ちから「尊敬されよう」としてしまうのだ。尊敬されようという気持ちや行動は、自信のなさの裏返しである。

尊敬されようとすればするほど、わたしたちは今の自分を苦しめることになる。理想の自分に向かっていく変身願望は、今の自分を否定するところから始まる。この感情は初歩期、研鑽期、熟練期と経験値は関係なく誰にでも生まれる。

初歩期は経験が浅いからこそ、それを隠すために自分を大きく見せたいという欲望が強くなる。また何事もまだうまくいかないことから、理想の自分の像とのギャップが生まれやすい結果「思ってたのと違う」と恥を感じやすい。

研鑽期は、経験を積んだことで周りからのハードルも自分自身に対して課す期待のハードルも上がってしまう。まだ上達する過程の時期ではあるものの、その期待に答えられなかったときに恥を感じてしまう。しかしできていないことにあなたが気づけたのは、努力を重ねて自分自身を見る解像度が上がった証拠なのだ。

熟練期は経験があるだけに「失敗できない」という意識から周りの目を意識して恥の感情が大きくなる。むしろ経験があればあるほど、「尊敬されないといけない」という気持ちが生まれやすい。経験や年齢を重ねると恥への恐怖心は強くやっかいになる。早めに恥への免疫をつけることをおすすめする。

応援される人になろう。尊敬される人を目指すのはもうやめよう。完璧な自分など永遠に存在しない。いつまでも自分に足りないところを見つめて過ごすより、応援される人を目指すことであらゆる心理的ハードルが下がって気を楽に生きることができる。

応援される人はその人の能力よりも、その人の姿勢が応援の対象になる。応援されるには能力が足りているかどうかは重要ではない。もう能力を引け目に感じることはない。まだできなくてもいいのだ。

応援される人には、恥をかくことでなることができる。応援される人は、今の自分を受け入れて、人にもさらけ出せる人である。今の自分を受け入れることで、他人を比べる外的恥からも、理想の自分と比べる内的恥からも自由になることができる。恥から自由になれると、様々なことにチャレンジできるようになる。

POINT

応援される人とは、自分をさらけ出せる人のことだ

6 恥を目印にしよう

恥は怖いものではない。得体の知れないものでもない。恥という感情のポジティブな面を理解することで、わたしたちは恥への恐怖から自由になることができる。

大体恥と出会う瞬間は、「やる」か「やらないか」の二択である。久しぶりに街で見かけた知り合いに「声をかける」か「かけないか」。自分が頑張ったプロジェクトを皆に知ってもらうために「告知をする」か「しないか」。自分の知識を誰かに役立ててもらうために「SNSに投稿する」か「しないか」。

このような積極的選択（やったほうがいいけど外的恥を伴う行動）と消極的選択（自分が傷つかない現状維持行動）の二択が私たちの生活には溢れている。

恥への恐怖心があると、外的恥を伴う積極的選択を生理的に避けてしまう。逆に選ぶべきだった積極的行動には外的恥が、目印のようについている。行動するときに、外的恥を感じた選択肢こそ選んだほうがいい選択肢なのだ。

やらないという消極的選択をすることは簡単だ。しかし新しい可能性は、必ず恥を伴う積極的行動に隠れている。**選択肢に直面した瞬間に恥を目印にして「迷ったときは恥ずかしいと思うほうを選ぶ」ようにすると、積極的行動を選べる**ようになる。これは反射的に恥を回避して消極的選択をしてしまう自分自身への戒めでもある。

恥は、あなたをこれまで見たことのない景色に連れて行ってくれる。だから恥を目印にしよう。恥はチャンスを見つけるための目印になる。だからこそ恥への免疫は早めにつけたほうがいい。早く免疫ができれば、よりたくさんの可能性にチャレンジできるようになる。

恥も早めに投資を始めたほうがリターンが大きい。今の自分が未来の自分に先回りして恥を投資することで、未来の自分は今よりも積極的選択を選びやすい体質になる。かいた恥のリターンはすぐには感じられないかもしれないが、未来の自分には大きなリターンがある。

恥は決して若者だけのものではない。むしろ年を重ねるごとに、わたしたちは恥に対して臆病になってしまう。恥を怖がることは恥ずかしいことではない。恥を感じているあなたは、新しいことにチャレンジできている証拠なのだ。成長よりも変化が求められるこの時代に、必要なのは恥をかける勇気だ。いくつになっても、迷ったら思い切って恥ずかしいほうを選ぼう。それがきっとあなたの未来を切り拓くチカラになる。

POINT

迷ったら、思い切って恥ずかしいと思う道を選んでみよう

5章

今すぐ実践できる恥のかき方50

今すぐ実践できる恥のかき方

1/50

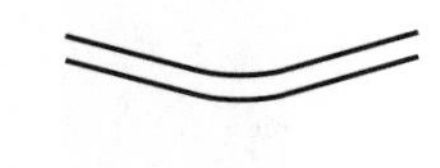

自己紹介では名字ではなく名前を名乗る

#人付き合い #初対面 #初歩期 #研鑽期 #熟練期

自己紹介は、あなたを知って覚えてもらう千載一遇の大チャンス。しかし、第一印象が決まるそのような大事な機会を、わたしたちは活かしきれていない。

この国に自分と同じ名字の人は何千人何万人もいるということを知っておきながら、名字しか名乗らないような当たり障りのない自己紹介を、わたしたちは何度も繰り返している。**無難な自己紹介は、むしろ傲慢だ。**相手に覚えてもらう工夫を放棄しているともいえる。

そんな自己紹介について、あらためて考え直してみよう。たとえば名字でなく、下の名前を名乗るだけで、相手との距離はグッと近くなる。名前の漢字を説明してもいい。それだけで記憶に残りやすくなるはずだ。

最近ハマっていることを語ってもいい。好きな食べ物を伝えたっていい。話題は何だっていい。これは会話のきっかけに過ぎない。名字だけでは話題は広がらない。何より、**相手に覚えてもらおうというあなたの姿勢が伝わることが大切なのだ。**

自己紹介を考えるうえで、自分のプロフィールを一度書き出して、200～300字程度にまとめてみることをお勧めする。初めて会った人に、自分の経歴のどこに興味を持ってもらえるのかを客観的に見ることができる。さらにキャリアを考えるうえでも、自分がこれからどのような経歴を重ねればいいかを考えるきっかけになる。

今すぐ実践できる恥のかき方

2/50

初対面こそプライベートに踏み込んでみる

#人付き合い　#初対面　#初歩期　#研鑽期　#熟練期

わたしたちは「第一印象が大切である」と分かっているがゆえに、初対面の人との会話では、変な人や図々しい人に思われたくないという気持ちから、自分を隠して他人行儀になってしまう。「減点されない第一印象」をつくろうというわけだ。それでは確かに減点されないが、加点もされないので、結局は相手に印象は残らない。

ところで、様々な人と一緒に仕事をしていると、時に相手に対して対立や怒りの感情が生じることがある。これは、相手を自分の「敵」だと思ってしまうことに原因がある。しかしこうした対立の大半は、立場や役割によってアプローチが違うことによって生じているだけで、いい仕事をしたいという想いは同じ仲間なのだ。自分の立場や役割が脅かされると感じた瞬間に、私たちは本来仲間だったはずの目の前の人が敵に見えてしまう。

仕事で知り合った人とは仕事の関係と割り切って付き合うのもひとつだが、それでは心の距離が縮まらない。そんなときに効果を発揮するのが、プライベートの話をすることだ。**自分のプライベートを明かすことは、相手に「わたしはあなたの敵ではない」と信頼と友好を示す行動である。**

目の前の人にも、それぞれ家族や大切な人がいる。一緒に仕事をする相手には早めにプライベートの話をしておくことで、のちのち対立や摩擦を減らすことができる。

今すぐ実践できる恥のかき方

3/50

挨拶は無視されそうでも自分からする

#人付き合い #職場 #初歩期 #研鑽期 #熟練期

「挨拶はタイミングを見計らってすればいい」。そう思っているうちに、相手のほうから先に声をかけられてしまうことも少なくない。**挨拶は自分から先にして損することは絶対にない。**挨拶は自分に敵意がないことを相手に示す行動なのだ。

初対面の人には、全員が大切な人間関係になりうる相手という意識で挨拶しよう。誰がいつあなたの大事な人になるか分からない。久しぶりに再会した人には、「お久しぶりです。中川です。実は〇〇のときに一度ご一緒しているんです」と、相手が覚えていないことを前提に、自分の情報をきちんと渡したうえで挨拶しよう。突然現れて「こんにちは、覚えていますか？」と聞いてしまうと、相手も不意をつかれてしまい、せっかくの再会がいい思い出にならない。「かなり前ですし、きちんとお話しできなかったので、またお会いできて嬉しいです」などと、相手が覚えていないことを前提に声をかけること。さらにいうと、あなたが苦手と感じている人にこそ、自分から挨拶したほうがいい。苦手だと意識は相手にも伝わるものだ。

人は自分の心の鏡だ。自分から心を開けば、相手も少しずつ心を開いてくれる。自分が苦手意識を持ったままだと、相手との距離が縮まることはない。微妙な距離感の相手にこそ自分から挨拶することで、あなた自身の緊張がほぐれ、あなたらしく立ち振る舞うことができる。攻撃は最大の防御。挨拶はどんなときも先手必勝だ。

今すぐ実践できる恥のかき方

4/50

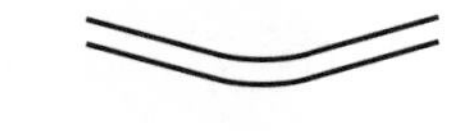

意識して相手の名前を呼んでみる

#人付き合い　#職場　#初歩期　#研鑽期　#熟練期

挨拶や感謝の気持ちを伝えるときには、意識的に相手の名前を添えよう。「○○さんおはようございます」「△△さんありがとう」。**自分の名前を呼ばれて嫌な気持ちになる人はいない**。相手の名前を呼ぶという行為は「わたしはあなたに興味があります」という意思表示なのだ。

相手が目上の人であっても、「部長」や「監督」など肩書や役職で呼ぶのをやめよう。肩書で呼ぶと無意識に上下の関係性が生まれ、フラットな気持ちで相談や報告ができなくなってしまう。相手が後輩の場合、彼らは名前を呼ばれることで先輩に認められていると感じ、心理的安全性が確保される。恥をかく勇気を得ることができるのだ。社外の人にも、「○○さん、いつもありがとうございます」と意識的に名前を呼ぶことであなたの尊重する気持ちが伝わる。その気持ちは仕事で返ってくる。

相手の名前を呼ぶという行為は、よい人間関係をつくるうえで非常に有効な方法だ。この方法は会議の場でも使うことができる。「さっき○○さんがおっしゃったとおり」と発言した人の名前を入れることで、発言者は自分がリスペクトされていると感じることができる。**人は自分に興味を持ってくれる人に好感を持つ**。「もしかしたら、自分のことを好きではないかも」とあなたが思っている相手にこそ、相手の名前を呼ぶことを実践してほしい。人は自分の心の鏡なのだ。

今すぐ実践できる恥のかき方

5/50

名前を忘れたら あえて相手に 直接聞く

#人付き合い #職場

#初歩期 #研鑽期 #熟練期

最初に自己紹介したものの、相手の名前を忘れてしまい聞き直すタイミングを逸したまま、うやむやに話を終わらせる人。相手に気づかれないうちに思い出そうと、もらったはずの名刺を探したり、過去のメールをこっそり検索する人もいるだろう。

相手の名前を分からないままにしておくことは失礼なだけでなく、自分の仕事の効率も下げてしまう。それは「相手の名前が分からない」という負い目が、思い切った提案や踏み込んだ質問をする勇気をあなたから奪うからだ。

忘れてしまったら、恥ずかしくても「ごめんなさい。もう一度お名前を伺ってもいいですか」と直接相手の名前をもう一度確認しよう。相手もそんなあなたを失礼だと怒ったりはしない。むしろ「この人はきちんと私の名前を覚えようとしている」とポジティブに見えるはずだ。

もう何度もお会いしていて、直接名前を確認するのが気まずいときはどうするか。そんなときは「そういえば、お名前ってどんな漢字を書くんですか？」と相手の名前の漢字を聞けばいい。

相手の名前を意識することは、人を尊重するうえでの第一歩。その日しか会わないような相手であっても、名前を確認してから仕事に入る習慣をつけよう。目の前にいる人は「スタッフさん」でも「社員さん」でもなく、名前を持つ個人なのだ。

今すぐ実践できる恥のかき方

6/50

知らないことは調べてしまう前に教えてもらう

#人付き合い #職場 #初歩期 #研鑽期 #熟練期

「知らないことは、人に聞く前に自分で調べろ」。新人のときに職場でそう教わった人も多いかもしれない。教える側の視点で見ると、分からないことは先に自分で調べてもらったほうが教える手間が省けるのは確かだ。

だが、**分からないことがあるときは、知っている人に聞くチャンスでもある。**自分で調べれば欲しい情報は得られるが、知っている人に聞くことで、他の知識も同時に得られるかもしれない。そして何より、教わることで新しい人間関係が生まれる。逆にあなたが知っていることを相手に教えることで、互いに教え合う関係にもなれる。**情報を知っているかどうかより、それを通じて人とつながることのほうが大事なのだ。**

先輩に相談するか迷ったとき、「相手の時間をもらうのが申し訳ない」といって相談しなかった経験はないだろうか。しかし本当は、「こんなことも知らないのか」と自分が評価されることに怯えているのだ。初歩期でも研鑽期でもあなたはまだ過程にいる。質問は先輩との関係性を深めるチャンスだと思おう。

今まで先輩は後輩に教える立場だったが、これからは逆のケースも増えていく。日々新しいテクノロジーが生まれ、デジタルネイティブ世代の次には、スマホネイティブ世代、そしてプログラミングネイティブ世代が控えている。世代間の分断が進むこれからは、先輩も後輩に知らないことを聞くことに慣れなければいけないのだ。

今すぐ実践できる恥のかき方

7/50

話すなら成功した話より失敗した話をする

#人付き合い　#初歩期　#研鑽期　#熟練期

自分をアピールしようと成功した話をする人がいるが、実はそれは逆効果だ。

成功した話は、環境や成功の基準が共有されていないと、話を聞いた相手はあなたの素晴らしさを理解することができない。たとえば社内で自分の営業成績が一位だったとしても、一度会社という環境を出ると、その素晴らしさは人に伝わらない。成功談は自分のいる環境＝ローカルの前提の上に成り立っている。一方で、**苦労した話や失敗した話は、今所属する組織や環境には関係なく誰もが経験する**。どんな人にも通じるグローバルな話題になりうる。

人に話すなら成功談よりも、失敗談や苦労話を選ぼう。誰しも人の自慢話なんかに付き合いたくない。誰もが失敗の経験はあるので、失敗談は共感されやすい。人の魅力が表れるのは成功したときよりも、失敗したときである。そのエピソードにはあなたの性格や姿勢が表れるだけでなく、失敗談を話すことで自慢をしない嫌味のない人にあなたを見せてくれる。**過去の失敗が、今のあなたをチャーミングに見せてくれるのだ**。自分の失敗談を話すことは人に好かれる一番手っ取り早い方法なのである。

失敗は隠すから恥になる。隠すことで自分の心の中にシコリとして残り、次に同じような経験をしたときにまた足をとられてつまずいてしまうのだ。失敗談を人に話すことは、自分がその恥を乗り越えるうえでも大きな一歩になる。

今すぐ実践できる恥のかき方

8/50

勝負の日には積極的に握手を求める

#人付き合い　#初歩期　#研鑽期　#熟練期

今日があなたにとっての「勝負の日」なら、いつもどおり振る舞って気負っていないフリをするのではなく、素直に緊張していることを伝えたほうがいい。誰だって大切な日には緊張するものだ。むしろその精神状態は、あなたが目の前のことに真剣に取り組んでいる証拠なのである。**そんな勝負の日にうまくいくための、自分なりのジンクスをつくろう**。

たとえばＣＭ撮影当日、現場には監督やカメラマン、照明、美術など様々な立場の人が集まる。このようにそれぞれ立場の違う人が同じ時間を共有するときは、対立も起こりやすい。いい仕事にしたいと同じ方向を向いていても、それぞれのアプローチが違うからである。僕は撮影当日、現場の長となる映像監督に朝一番に握手を求めるようにしている。自分より年齢や経験がいくぶん先輩であっても、である。そうすることで仲間意識と心理的安全性が生まれ、僕も監督も互いに相談しやすくなる。突然握手を求めるのは恥ずかしいが、「勝負の日は握手すると決めてるんです」とマイルールをかざして、恥に立ち向かうようにしている。

握手はあくまで一例である。赤いネクタイを身につける。髪型を変えてみる……方法は何でもいい。自分なりのうまくいくジンクスをつくり、それを周囲に示すことで、あなたの仕事に向き合う姿勢がみんなにも伝わるのだ。

今すぐ実践できる恥のかき方

9/50

恥ずかしい経験は笑い話にしてしまう

#人付き合い　#初歩期　#研鑽期　#熟練期

誰だって自分の恥ずかしい経験を人に知られたくはない。しかしそれは、「恥ずかしいから隠している」のではなく、「隠しているから恥ずかしい」とは考えられないだろうか。

恥の経験をいつまでも心の中に閉じ込めていると、トラウマのように残ってしまう。自分の弱さや不完全性を人に見せることを避けていると、いつまでもその恥はあなたを追いかけてくる。そして似た出来事に遭遇したときに、「また同じ結果になったらどうしよう」と恐怖を感じて、体がこわばってしまうのだ。過去の出来事を恥として自分の中に閉じ込めているかぎり、その恥を克服することはできない。

しかしその恥は、人に話せば笑い話になる。人がしないような間違いや行動を自分がしたことで、周りに驚かれたり笑われたりした経験が人の恥として記憶される。つまりその出来事は、他人が聞いて笑えるエピソードである可能性が高い。

まず、**当時あった出来事をノートに書き出してみよう**。書き出すことで、当時の状況や自分の言動、そして周りの人のリアクションを客観的に見直すことができる。そしてそのエピソードを、心を許している身近な友だちに一度聞いてもらおう。きっと友だちは笑ってくれるはずだ。人に話すことではじめて、わたしたちはその恥を克服し、受け入れることができるのだ。

今すぐ実践できる恥のかき方

10/50

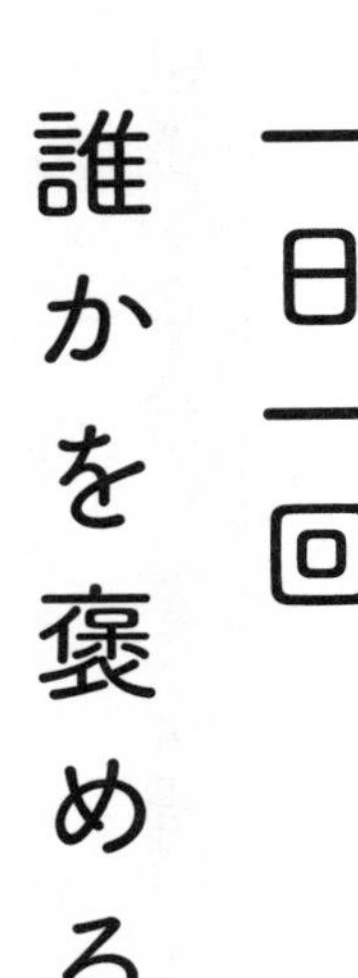

#人付き合い #日常生活

#初歩期 #研鑽期 #熟練期

あなたは最近いつ人を褒めただろうか。日々周りの人の良いところを目にしているはずなのに、それを口に出して本人に伝える機会は意外と少ない。

人を褒めるときにわたしたちが恥ずかしさを感じるのは、相手のリアクションを想像してしまうからである。褒めたことで相手から「偉そうだ」「ヨイショされたみたいで不快だ」と思われるのではないかと不安になってしまう。

褒めることを「自分のキャラじゃない」と考えている人も少なからずいるだろう。どうしても褒めるのが苦手だという人は、他人の言葉を借りるのもひとつの手だ。「あの人が資料よくできてたって言ってたよ」「あの人が〇〇さんは本当に優秀だって褒めてたよ」などと、誰かの言葉を借りて間接的に褒めるといい。

褒めるとは、恥ずかしさと引き換えに人に喜びを与えることができる行為なのだ。褒められることで人は自己肯定感が高まり、心理的安全性の確保にもつながる。大変だった仕事も、その努力が報われる。

いい接客をしてもらったら、商品を受け取るときに「あなたの接客だったから買いました」と伝えよう。飲食店で美味しい料理を食べたら、店を後にするときにキッチンに向かって大きな声で「ごちそうさまでした、美味しかったです」と伝えよう。言われた方はきっと、あなたが想像している以上に嬉しいはずだ。

今すぐ実践できる恥のかき方

11/50

趣味ではなくハマっていることを聞いてみる

#人付き合い #雑談 #初歩期 #研鑽期 #熟練期

趣味の話は、関係性を深める共通の話題として機能する。しかし趣味の話をするときは、相手より自分を優位に見せようとする「マウンティング」に注意する必要がある。好きなバンドの話になったとき「デビュー前から応援していたのに、気づいたら有名になっちゃって〜」と言う人。〇〇監督の映画が好きと言ったら、初期の作品を見たかと迫る人。悪気があるわけではなくても、どちらかがマウンティングだと捉えた瞬間に、勝ち負けのない競争が始まってしまう。すべては受け取り方次第なのだ。

マウンティング合戦に巻き込まれないために、新しいことを教えてくれた相手には「マウンティングされた」ではなく「新しいことを教えてくれてありがとう」と思うようにしよう。目の前で教えてくれたことを携帯にメモして後で検索しよう。

そもそも**「趣味はなんですか？」という質問は意外と答えにくい。正解がないうえに、自分をさらけ出す必要もあるので、答えるハードルが高い**のだ。

趣味にまつわる質問をするときは、「趣味はなんですか？」ではなく「最近ハマっていることはなんですか？」。「一番好きな映画はなんですか？」ではなく「最近見てオススメの映画はありますか？」。

こうすることでお互いにファイティングポーズをとらなくて済むだろう。

今すぐ実践できる恥のかき方

12/50

会議の前に雑談で打ち解けておく

#人付き合い　#会議　#初歩期　#研鑽期　#熟練期

会議で人が揃うまでスマホやPCと向き合ってしまう。リモート会議が始まるまで、カメラもマイクもオフにしてしまう。そんなときこそ自分の恥の殻を破るチャンスだ。

ぼーっと沈黙して待っているくらいなら、世間話をしよう。「場を和ませるのは自分の仕事ではない」と思うかもしれないが、場が和むことで一番得をするのは自分なのだ。待ち時間に会話をしていれば、本題の打ち合わせでも話しやすくなる。世間話をするような関係性をつくったことによって、自分の心理的安全性が確保されるのだ。

自分が口火を切りさえすれば、話の内容は自分が中心である必要はない。特に話す内容がなければ、誰かに質問してみよう。

雑談で自分の話題以外で会話を弾ませるコツは、相手が大事にしていることについて質問することだ。相手が洋服好きなら「買い物とかどこに行くんですか？」。家族との時間を大切にしている人なら「お子さん今年でおいくつですか？」。このように「本当は好きで人に話したいこと」を質問されると会話は盛り上がる。

話の内容は何でもいい。そのあとの打ち合わせであなたの居心地がよくなることが大切だ。誰かのためではなく、自分のために、勇気を出して沈黙を破ろう。

今すぐ実践できる恥のかき方

13/50

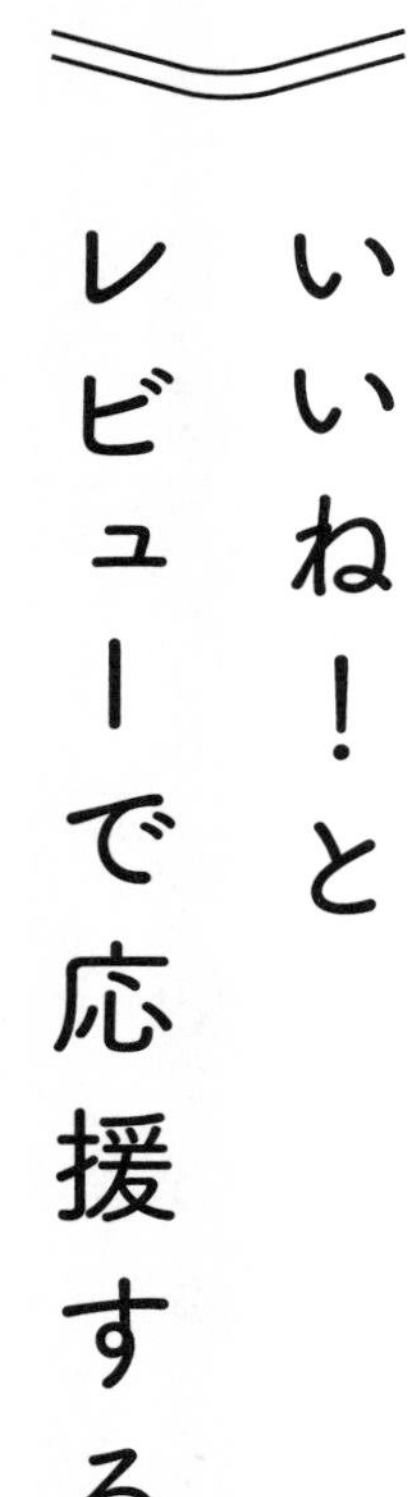

#人付き合い #SNS #初歩期 #研鑽期 #熟練期

ＳＮＳなどでコンテンツへの感想を投稿するのは、意外と恥ずかしいものだ。「こんな浅いことしか言えないのか」と思われるのが怖かったり、自分のリアクションがどう見られるかが気になったりするからだ。

しかし、そのリアクションはコンテンツ制作者への応援なのだ。インスタグラムの投稿やユーチューバーの動画。最近見た映画や本のレビューでもいい。いいね！ボタンを押す、ＳＮＳで感想を書くなど、どんな小さなことでも、あなたの行動は応援につながる。良いと思ったら、恥ずかしさの殻を破ってリアクションを示そう。**あなたの応援は、制作者たちの恥を支えている。**

自分のアウトプットの質を上げるためには、インプットの質を上げる必要がある。これは「今よりもイイものを見ろ」という単純な話ではない。摂取する情報の質を上げるだけでなく、情報の摂取の仕方の質を上げるということなのだ。具体的には、「**インプットのためにアウトプットする**」ということ。自分はそのコンテンツの何が好きだったのかを考えて言語化することで、はじめてその情報は自分の脳に定着する。

コンテンツは消費するだけではもったいない。リアクションを示すことで、自分のインプットの濃度が高まるだけでなく、制作者の人たちが次の恥に向かうための勇気に変わるのだ。

今すぐ実践できる恥のかき方

14/50

行くか行かないか迷ったなら行ってみる

#人付き合い #飲み会 #初歩期 #研鑽期 #熟練期

飲み会や遊びに誘われたとき、面倒になって、行くかどうか迷った経験はないだろうか。頭の中にはそのとき、いろいろな言い訳が飛びまわる。知人が少なさそう、場所も少し遠い、今日は雨が降るかもしれない……。行かない理由をいくら並べても、行かないという消極的選択を選ばせようとしているのは、実は、ホームではない環境に飛び込むのが恥ずかしいという、あなたの感情なのだ。

「面倒」の語源の説のひとつに、人を褒め慈しむ「めでる」がある。このときに気恥ずかしかったことからその複雑な感情が強調されて「面倒」に残ったという。面倒と恥はそう遠くない感情なのだ。実際、面倒なことは、恥ずかしいことが多い。

迷ったなら行こう。行かないと即決せずに迷ったということは、行った先に何か新しい発見やつながりがありそうだと感じているからだ。行って後悔することはない。なぜなら、行ったからには後悔しないよう普段より積極的に楽しもうとするからだ。

忘れてはいけないのは、あなたを誘ってくれた人は「断るかもしれないあなたを誘う恥」をあなたのためにかいてくれた人である。あなたのために恥をかいてくれる人は大切にしよう。そして彼らのために、あなたも恥をかこう。

一方で、迷うまでもないような誘いは思い切って断ってしまってもいい。「行ってもどうせ」と思っているうちは、「どうせ」何も起きない。

今すぐ実践できる恥のかき方

15/50

自分の成果の話は人の役立つ情報に加工する

#仕事の進め方 #初歩期 #研鑽期 #熟練期

「秘すれば花」という言葉にあるように、自分の努力している姿は見せないほうがカッコいいという人がいる。「僕は頑張っています」と自分で言うのは恥ずかしいから、できることなら「彼は頑張っているんです」と誰かに言ってほしい。しかし困ったことに、他人の評価を待っていては、いつまで経ってもチャンスはやってこない。

そもそも誰もあなたのことなんて気にしていないのだ。いい仕事は、いい仕事が連れてくる。自分がやった仕事は、「自分がやった」と言わないと始まらない。もし言い切る自信がないのであれば、「自分がやった」と胸を張って言えるように、目の前の仕事に取り組もう。

具体的にどうやって自分の仕事をアピールすればいいだろうか。答えは、**成果そのものではなく、あなたの工夫と経緯から話す**のだ。あくまで**自分の努力自慢ではなく、みんなの役に立つ情報を提供しますという立ち位置で共有する**のである。

たとえば「僕が担当したことで売上が2倍になりました」ではただの自慢だが、「個人的にここに問題意識を持っていて、試しにこう変えてみたらこういうリアクションがあったんです。その結果、売上は2倍でした」と言えば、見え方が変わってくる。

このように役立つ情報に加工して話すと、その話を聞いた人がこの話は皆の役に立つからと別の場でもその話を共有してほしいと頼むようになるのである。

今すぐ実践できる恥のかき方

16/50

会議の最後に自分から認識のすり合わせをする

#仕事の進め方 #会議 #初歩期 #研鑽期 #熟練期

一度打ち合わせをすれば皆の認識が揃うと思ったら大間違いだ。同じ議論に参加していても、全員が違う視点からその議題を見ているためズレが生じる。打ち合わせの最後には必ず「今日決まったこと」と「次にするべきこと」をすり合わせしよう。

会議を理解していないと他の参加者に思われるのが恥ずかしいという気持ちから、最後に認識を合わせないまま打ち合わせを終えてしまう。結果、せっかく集まったメンバーの頭の中が統一されないままになってしまうのだ。言葉にして認識を合わせることではじめて、参加者の頭の中が共通化される。

こんなことは当たり前だと思っている人も多いと思うが、これは若手だけに向けた話ではない。僕はこのすり合わせが行われていない打ち合わせを、一日一回は必ず目にしている。年配者の多い打ち合わせのほうが、この傾向が強い。むしろ若手ばかりの打ち合わせのほうが、進行に慎重になるために最後のすり合わせが行われる傾向にある。これは、**年配者の「皆の前で失敗したくない」「分かっていなかったことを知られたくない」という恥が、分かっていても行動できない状況をつくっている**ということだ。「こんなことは当たり前だ」と言っているベテランにこそ心当たりがあるのではないだろうか。

今すぐ実践できる恥のかき方

17/50

人前で恥をかいたら一緒に笑う

#自分との向き合い方
#日常生活
#初歩期
#研鑽期
#熟練期

人前で恥をかいたとき、できるだけ早くその場を立ち去りたい気持ちになる。真面目に語っていたのに、気づけば自分の服のチャックが全開だった。多くの人がいる前で段差につまずいて盛大に転んでしまった。知人だと思って話しかけたら全然知らない人だった……。

このようなとき、恥ずかしがってその場をすぐに立ち去ってはいけない。なぜならあなただけでなく周りの人も十分に驚いたからだ。**相手も恥を感じ、あなたが意図せず「恥の加害者」になっている可能性だってある。**チャックが空いていることをずっと言い出せずにいた人も、人違いされた人も、あなたに突然恥をかかされた「被害者」のひとりである。

このようなときは、人に話す面白いネタがひとつ増えたと思って、その場で自分も笑ってしまおう。そうすれば周りの人も安心して一緒に笑うことができる。**その瞬間に笑うことができれば、あなたはそこで感じた恥を受け入れることができた証拠だ。**

笑えないくらい恥ずかしい思いをしたと感じたときは、後でその状況を友だちに説明する想像をしてみるといい。少し客観的に自分の状況を見ることができると、だんだんと面白くなってくるだろう。自分で笑い話にしてしまうのが、恥を乗り越える一番の方法だ。

今すぐ実践できる恥のかき方

18/50

出たからには会議には参加する

#自分との向き合い方

#職場

#会議

#初歩期

#研鑽期

#熟練期

その場にいるだけでいいなんて仕事はない。会議や打ち合わせも同様で、出席するだけでは意味がない。一言も発することなく、その打ち合わせにまったく影響を与えていない状態では、「参加している」とはいえない。

そんなことは誰しも頭では分かっているものの、多くの人が「いるだけの会議」の経験があるだろう。「会議に出た意味はあったのだろうか。無駄な時間を過ごした」と帰ってから愚痴を言うのは簡単だが、それでは何も変わらない。

その場にいるからには参加しよう。出席者の多い会議であっても、あなたの貴重な時間を使うからには積極的にかかわろう。**自分がそこにいる理由は自分でつくる。**役割は与えられるものではなく、自分で見つけるものなのだ。

かかわり方はどんなに小さくてもいい。少しでも疑問があれば質問しよう。面白かったら相槌を打とう。リモート会議でもリアクションを見せよう。顔も見えず、相槌も聞こえないまま一方的に話していると、想像以上にストレスがかかる。そんな発言者のために、自分が前に出る恥ずかしさを乗り越えよう。

最後に。もしあなたに、このくらいの参加も許されないような打ち合わせなのであれば、そもそもあなたが参加する必要はない可能性が高い。**必要のない打ち合わせには参加しないという勇気を持つことも、ひとつの選択肢だ。**

19/50

セミナーでは何があっても一番前に座る

#自分との向き合い方 #勉強 #初歩期 #研鑽期 #熟練期

貴重な時間を割いて参加した講演会や授業で、後ろのほうの席に座るのはもうやめよう。悪目立ちしたくない。意識の高い奴だと思われるのがかっこ悪い。そんな思いから、席は必ず後ろと端から埋まっていく。講演会などで率先して前列に座る人は、全体の1割にも満たないだろう。後ろや端に座る理由は、わたしたちの恥以外に存在しない。そもそも大前提として、誰も他人の講演会に来てあなたに注目している人なんていない。あなたが前に座ろうとどこに座ろうと気にも留めていない。

座るべき席は講演者やスクリーンに一番近い、前列の真ん中の席一択だ。一番前に座るメリットはたくさんある。後列に座ると、視界に入る他の聴講者の人たちがどうしても気になってしまう。どんな職業や年齢なのか。そして自分よりも頭がよく、講義の内容をすべて理解しているように見えてくる。

ここでもあなたの敵は他人との相対化だ。前列に座れば、登壇者に集中できる。**他の聴講者が視界に入らないことで、登壇者と1対1のような気持ちで質問ができる。**質問している間も、他の聴講者の表情やリアクションを見て不安になることもない。

後ろや端で話を聞くのなら、もう行かなくてもいい。前列に座って聞く本気さがないなら、そこにいても講義の内容はあなたの心には残らないからだ。これから過ごす一時間を無駄にするよりは、帰ったほうが自分のための時間を過ごせるに違いない。

今すぐ実践できる恥のかき方

20/50

自分のことは自分で評価する

#自分との向き合い方 #初歩期 #研鑽期 #熟練期

それまで全く気にならなかったことも、誰かに指摘された途端に急に恥ずかしくなることがある。あなたに向けられた心ない一言によって、それまでの勇気は風船のようにするすると形なく萎んでゆく。人の手によって、時に悪意なく、時に無作為に、わたしたちの勇気は簡単に奪われ、恥は植えつけられてしまう。他人に何かを言われるたびに、様々な恥と直面することで嫌な思いをしたり、自分のことが好きになれなくなったりしてしまう。

会社の評価、上司の評価、SNSの評価。わたしたちは毎日様々な他人の評価に晒されている。しかし勘違いしてはいけないのは、そこでの評価はあなたの価値ではないということだ。職場での評価は、会社にとって役に立つかどうか。SNSでの評価は、あなたの情報が人々の役に立つかどうかでしかない。評価が低くても、あなたの価値が低いわけではないのだ。

このような中で自信を保つことは簡単ではない。しかし最後まで自分を信じてあげられるのは、他ならぬ自分しかいない。**自信とは自分のことを過信することではない。自分をあきらめないことなのだ。**あなたがあきらめてしまったら、もう誰もあなたの目の前の恥を乗り越えることはできない。あなたの価値を決めるのは、あなた自身なのだ。

今すぐ実践できる恥のかき方

21/50

#自分との向き合い方
#人付き合い
#初歩期
#研鑽期
#熟練期

尊敬されることも尊敬することもやめてみる

尊敬されようとすることが、恥の生まれる原因だ。いつも立派な自分でいる必要はない。人を尊敬するのをやめよう。「尊敬」という言葉を使うのをやめよう。

一見生意気な意見に見えるかもしれないが、尊敬は二人の人間を尊敬する側と尊敬される側に分断し、縦の人間関係を構築する。そして尊敬する対象から自分が評価されたい、選ばれたいという意識を自分の中に生み出すきっかけになってしまう。そう感じているうちは、相手との心の距離も縮まることはない。心理的安全性は確保されず、自分の「良いところ」だけ見せようとして、恥をかくこともできなくなるのだ。そこには二人を分かつ、見えない大きな壁が生まれている。

これは決して目上の人を敬うことを止めろと言っているのではない。そこでオススメしたいのが、**上下の関係性をつくる「尊敬」よりも、誰に対しても平等な「尊重」を大切にする**ということだ。

たとえ相手が目上の人であっても、家族や友人と同じように横の関係で付き合うようにしたほうがいい。「尊重」があれば、相手を敬いながらも、互いに対等な横の人間関係をつくりあげることができる。所属や肩書を超えて互いに尊重できる人間関係ができれば、他人の評価は気にならなくなるだろう。

今すぐ実践できる恥のかき方

22/50

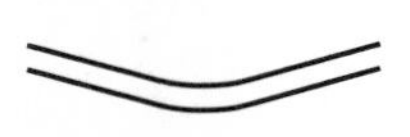

先輩の意見と真逆でも発言してみる

#人付き合い　#初歩期

先輩の言うことに従うのは、とても簡単でラクな方法だ。なぜなら、人の言うことに従うのが、一番自分が傷つかない方法だからである。

「決めたのはあの人だから仕方ない」「自分は指示どおりにやっただけ」と言い訳しながら誰かの指示に従っていれば、わたしたちは責任を転嫁できてしまう。方針や行動を先輩のせいにして、自分が恥から逃げるのは簡単だ。しかしそれではいつまで経ってもその仕事は「先輩の仕事」のままで「あなたの仕事」にはならない。

目の前の仕事を「自分の仕事」と胸を張って言えるようにするために、思ったことは正直に言おう。自分の意志に反した仕事は、決して「自分の仕事」にはならない。少しでもおかしいと思うことがあれば、相手が先輩であろうと進言する勇気が必要だ。

ただし**先輩に意見を言うときは気をつけなければいけない。あなたがどれだけ正しいことを言っても、先輩の中の「間違いを認めることに対する恥ずかしさ」があなたに牙をむく可能性がある**からだ。

「間違っていると思います」と否定から入るのではなく、「先輩の話を聞いていたら思いついたんですが」とあくまで先輩の発言を立てれば、相手を刺激しない。力の強い相手と向き合うときは、相手の力を利用して返す合気道のようなコミュニケーションがうまくいく。打撃に打撃で対抗すると殴り合いになり、競り負けてしまうのだ。

今すぐ実践できる恥のかき方

23/50

経緯や言い訳から報告しない

#仕事の進め方　#初歩期

上司や取引先に報告するときは、結果から報告しよう。経緯や言い訳から始めてはいけない。仕事の中で起こるトラブルの原因が、誰か一人に100%責任があるということはあまりない。そのミスを防ぐために事前に個人ができた対策はあったかもしれないが、多くの人がかかわるプロジェクトでは不可抗力が存在することも確かだ。このことは、報告する相手も社会人経験の中でもちろん織り込み済みである。

にもかかわらず、私たちはつい恥に負けて、自分の無実を証明しようとしてしまう。悪いのはあなただけではないということをすでに了解している相手に言い訳から始めてしまうと、あなたが自分を守ろうとしている人に見えてしまう。**相手が知りたいのは「あなたが悪くない理由」ではない。**にもかかわらず、結果的に仕事よりも自分を守ることを優先していると相手に感じさせてしまう。ミスをしたことよりも、言い訳から始めたことで信頼を失ってしまうのだ。

理想の自分像が強い人ほど、そこから外れて感じる恥も比例して強くなる。自分を守ろうとした結果、逆効果になってしまう。まずは自分の不十分さを受け入れて、事実に基づいて結果を説明する以外に信頼を回復する方法はない。

今すぐ実践できる恥のかき方

24/50

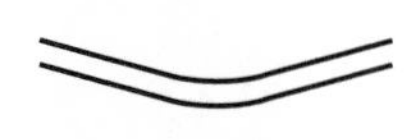

打ち合わせで書記を買って出る

#仕事の進め方　#会議　#初歩期

会議で発言するのが苦手な人は、書記をやることをお勧めする。手元のＰＣやノートなどではなく、ホワイトボードがあれば目一杯使おう。皆の意見をそこに可視化するだけでも、十分チームの役に立つことができる。議論が硬直したら、そこで自分の意見も織り交ぜていけばいい。ホワイトボードの横に立っていれば、ちょっとした思いつきもその場で言いやすくなる。

自分が発言をする余地がなさそうな打ち合わせほど、ホワイトボードに議論をまとめる人が必要だ。なぜなら先輩たちは自分たちの議論を戦わせることに頭がいっぱいになっているからである。皆の意見を客観的に可視化できる人は、これまで意見を求められなかったあなたしかいないかもしれない。

オンライン会議だったら、会議で何が議論され、何が決まって、次のステップは何かをまとめた簡単な議事録をつくって、参加者に共有するのでもいい。打ち合わせが終わった後に、これをすべて把握できている人は意外と少ないうえに、参加者全員の認識も揃っていない。皆の意見をまとめて共有するだけでも、十分にチームの役に立てる。何より、会議の質を上げることに貢献しようという姿勢が、周りの人の目にはポジティブに映るだろう。**大事なのは能力よりも姿勢なのだ。**

今すぐ実践できる恥のかき方

25/50

勝手に自分をプロジェクトリーダーと思い込む

#自分との向き合い方　#初歩期

先輩や上司に仕事を頼まれたとき、自分は雑用だから仕方ないなどとぶつぶつ言いながら、その仕事を渋々やっていることはないだろうか。特に若手のときは、先輩たちがやらない「誰でもできる作業」をお願いされる機会が多くある。

そもそも、**この世に「雑用」という仕事は存在しない。用を雑に済ますことでその仕事は「雑用」になる。**打ち合わせのセッティング、資料のデータの取りまとめ、出力やホッチキス止め……これらは雑用に見えるかもしれない。しかしそこで先輩たちは、**「誰でもできると思える仕事をきちんとこなせるかどうか」**を見ているのだ。

このようなとき僕は自分自身を「雑用係」ではなく、仕事全体の「プロジェクトリーダー」だと（勝手に）思いこむことにしている。思い込むのは自由である。そうするとこれまで「誰かにやらされていた雑用」に見えていたものが「自分がプロジェクトを成功させるために必要なプロセスやコンディション」に見えるようになったのだ。打ち合わせの場所、資料のタイトルや順番、ホッチキスの向きのすべてが、仕事を成功させるために必要なコンディションだった。

プロジェクトリーダーでもないのに自称していいんだろうかと思ったあなた。大丈夫。この世に雑用という仕事がないのと同じように、あなたは「雑用係」ではない。

今すぐ実践できる恥のかき方

26/50

異動後の挨拶はやりすぎでもフロア全員にする

#人付き合い　#初対面　#初歩期　#研鑽期

部署を異動したとき、その部署の雰囲気や文化が分からないからといって、待ちの姿勢で黙って席に座っているようではいけない。異動したら真っ先に、自分から周りの人に挨拶してまわろう。挨拶は先手必勝だ。

できれば異動直後の一週間以内に、同じフロアの人全員に挨拶しよう。はじめましての挨拶をするタイミングは、異動した直後が最もハードルが低い。挨拶するタイミングを逃して顔見知りになってしまうと、認識はしているが無視し合うという関係性が生まれてしまう。最初でしくじると、そのあとは同じフロアにいても偶然以外の方法で知り合うチャンスを失ってしまうのだ。

挨拶して回ることで、初対面の人は全員「一度会話したことのある人」になる。知らない人に囲まれて仕事をすると疲れてしまうし、知らない人が近くに来るたびに、挨拶しようかどうか迷ってしまう。一度挨拶しておくことで、自分の心理的安全性を確保できるのだ。

座席表を手に一週間以内に全員の席に行き、相手の名前を呼びかけて挨拶をしよう。間違えて二度目の「はじめまして」をしないよう、座席表の名前をチェックしていくといい。挨拶の文化がない職場なら、むしろチャンスだ。挨拶されただけで驚いて、あなたを覚えてくれるだろう。さあ、今こそ先に恥をかいて挨拶してまわろう。

今すぐ実践できる恥のかき方

27/50

SNSでの発信を匿名でいいから始めてみる

#人付き合い　#SNS　#初歩期　#研鑽期

SNSは自分のまだ見ぬ可能性と出会える場所だ。しかし同時に、外的恥を感じる原因にもなる。

SNSと恥は相性が悪い。SNSを見るたびに、他人に比べて自分の生活がくだらなく見えたり、他人の成功や生活が妬ましく見えてしまうときがある。このように自己否定感情が強くなっているときは、SNSと適度な距離を保ったほうがいい。

ライバル視している同僚、活躍が目立つ後輩、そして面倒な先輩など、自分の行動を妨げる要因になりそうな人がいたら、彼らのSNSはブロックしてもいい。物理的にあなたのタイムラインに表示させないことで、彼らの一挙手一投足が気になる日々からあなたは解放される。

逆にSNSを自分の恥を克服するために使うという考え方もある。匿名でツイッターの投稿を始めてみる。顔を出さずに日々のコーディネートをインスタグラムに投稿してみる。**生身の自分ではできないような一歩踏み出したチャレンジを、自分という存在を隠して試すことができるのがSNSなのだ。**SNSは一番手軽に恥を克服できるツールでもある。

SNSでの出会いは、これまでのあなたのキャリアや人間関係では得られない非連続な体験を与えてくれる。

今すぐ実践できる恥のかき方

28/50

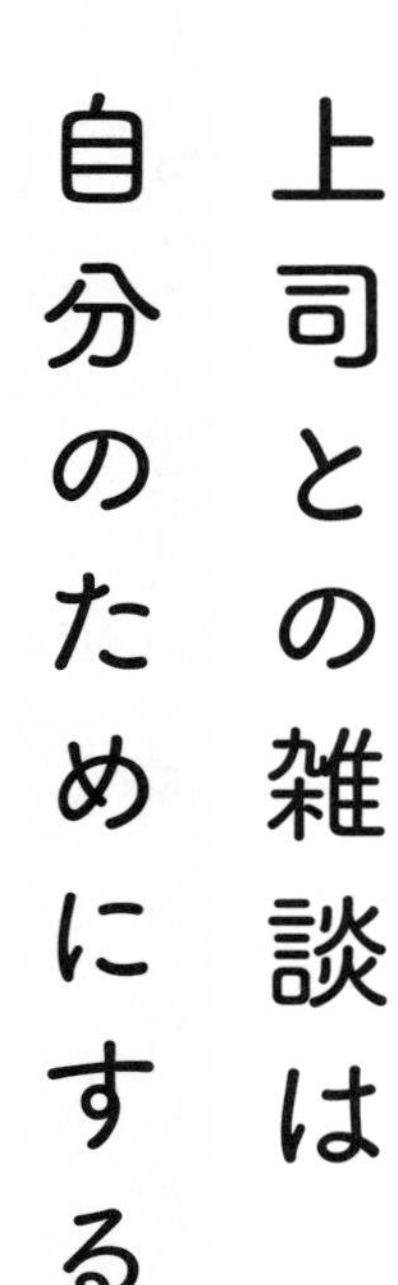

上司との雑談は自分のためにする

#人付き合い　#初歩期　#研鑽期

上司との会話を面倒だと感じている人は多いだろう。仕事に関係ない職場での雑談はできるだけ避けて、必要最低限の報告・相談・連絡だけをしているという人も少なくないようだ。しかし、上司には自分から積極的にコミュニケーションをとったほうがいい。一見あなたには冷たく見えるような上司であっても、本当は自分から話しかけるのを恥ずかしいと感じているだけかもしれない。彼ら彼女らも部下から慕われないと、寂しいのである。

これは上司に気に入られるためにゴマをすろうという話をしているのではない。**日常的なコミュニケーションは、双方の心理的安全性の確保につながるのだ。**あなたから積極的にコミュニケーションをとることで、上司も安心する。上司も部下から尊敬されたい、頼られたいと思い、自分に興味を持ってくれるのか不安なのだ。その不安が満たされず自分の立場が脅かされたときに、彼らは頭ごなしに叱ったり、強制力を行使しようとしたりするのである。

日常的に自分からコミュニケーションをとるという簡単な方法で、わたしはあなたの敵ではないという姿勢を上司に示すことができる。あなた自身も普段から上司と会話をしていれば、何か困ったときに相談しやすいはず。自分の心理的安全性を確保するためにも、自分から話しかけていこう。

今すぐ実践できる恥のかき方

29/50

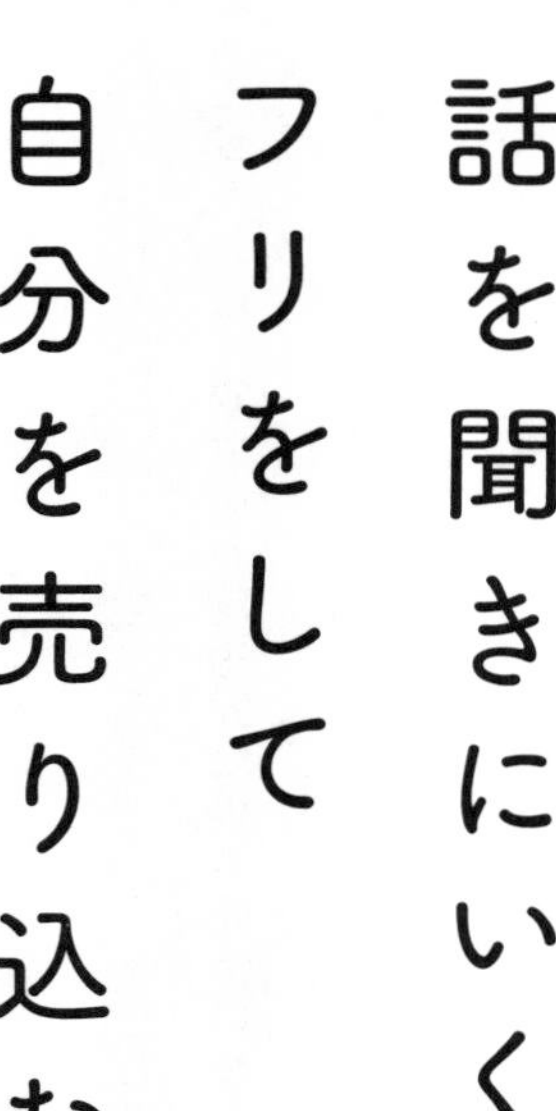

話を聞きにいくフリをして自分を売り込む

#人付き合い　#初歩期　#研鑽期

頑張っていれば、いつか誰かが見つけてくれるなんて話は幻想だ。「この人と一緒に仕事をしてみたい」と思うような人がいたら、社内外問わず自分から会いに行こう。「あなたの話を聞きたいです」と言われて、嫌な気持ちがする人はまずいない。

すべては自分を知ってもらうところから始まる。多少図々しい奴だと思われたとしてもいいじゃないか。知られていない今の状態よりは幾分マシだ。万が一そんな前向きなあなたの連絡を無視されたら、そんな人とはそもそも関わる必要はない。関わってもあなたにいいことはなかったとあきらめよう。

こうやって自分から働きかけることで、行動の選択権はあなたに移る。相手が目上の人であろうと、あなたがその人に選ばれるのではない。その人と関係をつくることを、そしてその関係のつくり方を、あなたが選ぶのだ。自分から会いに行って、それで声がかからなければ、あきらめもつく。いつか一緒に仕事をするタイミングが訪れるかもしれない。

受け身の姿勢で、誰かが手を差し伸べてくれるのを待っているだけだと、「頑張っているのに誰も認めてくれない」と、自分の置かれた状況を他人のせいにしてしまう。こうなってしまうと、満たされることのない承認欲求の沼から抜け出せなくなる。

誰かに選ばれるのを待っていてはいけない。行動の選択権はあなた自身にある。

今すぐ実践できる恥のかき方

30/50

飲み会の席はあえて真ん中に座る

#人付き合い　#飲み会　#初歩期　#研鑽期

人数の多い飲み会に参加するとき、あなたはどの席を選ぶだろうか？　長いテーブルの端から詰めて座るか、または仲のいい顔ぶれで固まって座ることも多いだろう。

こんなときは、できるだけ真ん中に座ったほうがいい。**会話を盛り上げる自信のない人ほど、端ではなく真ん中に座るべきだ。**端の席には2つのリスクがある。

ひとつめは隣の人たちの会話に参加できなくなったときに孤立しやすいこと。孤立したあなたは、寂しくなってついスマホに手を伸ばしてしまうだろう。真ん中の席に座れば、左右もしくは正面の人という3人の中から話し相手を選ぶことができる。座る位置を変えるだけで、会話の選択肢があなたに与えられるのだ。

もうひとつは、目上の人など主賓がいる場合は大体真ん中に座ることが多いため、端に座っていると職場や講演会では言えない本音や裏話を聞き逃してしまう。**もし主賓の人がいたら、その人の斜め前に座るのがいい。**真横や正面だとずっとその人との会話に集中している必要があるが、斜め前なら、時に他の人との会話に参加することもできる。会話の選択権はあなたにある。

このように、端に座るよりも真ん中の席のほうがリスクが少ないのである。真ん中に座ったからといって、あなたのことを図々しい奴だとは誰も思わないだろう。もしそう思う人がいたとしたら、そんな人とはもう飲みに行かなくていい。

今すぐ実践できる恥のかき方

31/50

交流会でもう知人とは交流しない

#人付き合い　#飲み会　#初歩期　#研鑽期

交流会や勉強会に参加したとき、あなたはまず何をするだろうか？　その場に知り合いがいないか探し、見つけたときにはホッと一息。そして隣の席が空いていたら迷わず座ってしまうのではないだろうか。もしくは相棒であるスマホに手を伸ばして、一人で時間を潰してしまうだろう。

せっかく貴重な時間を割いて足を運んだにもかかわらず、わたしたちは油断するとついこの2つに逃げてしまう。あなたが人見知りなら、なおさらこの2つはしないほうがいい。この2つの行動は周りから見るとあなたが「閉じている」ように見えて、他の人から話しかけられる確率は限りなく低くなる。知人とばかり話すのも、スマホを触るのも自ら禁止しよう。

その場所にはあなたと同じ目的を持って集まった人たちしかいない。**せっかくなら最初から最後まで知らない人と出会う時間にしよう。**具体的にはどうしたらいいか。それは自分と同じように、「うっかり一人で乗り込んだ人」を探して話しかけるのだ。話す内容は別に何だっていい。たとえば「わたし今日5人以上の新しい人と知り合いになって帰ろうって決めてるんです」と言えば違和感なく話しかけることができる。

自分から話す内容がなければ、相手に質問しよう。知人と話をするのは後でいい。初めて話しかけた人を、そこで知人に紹介することもできる。

今すぐ実践できる恥のかき方

32/50

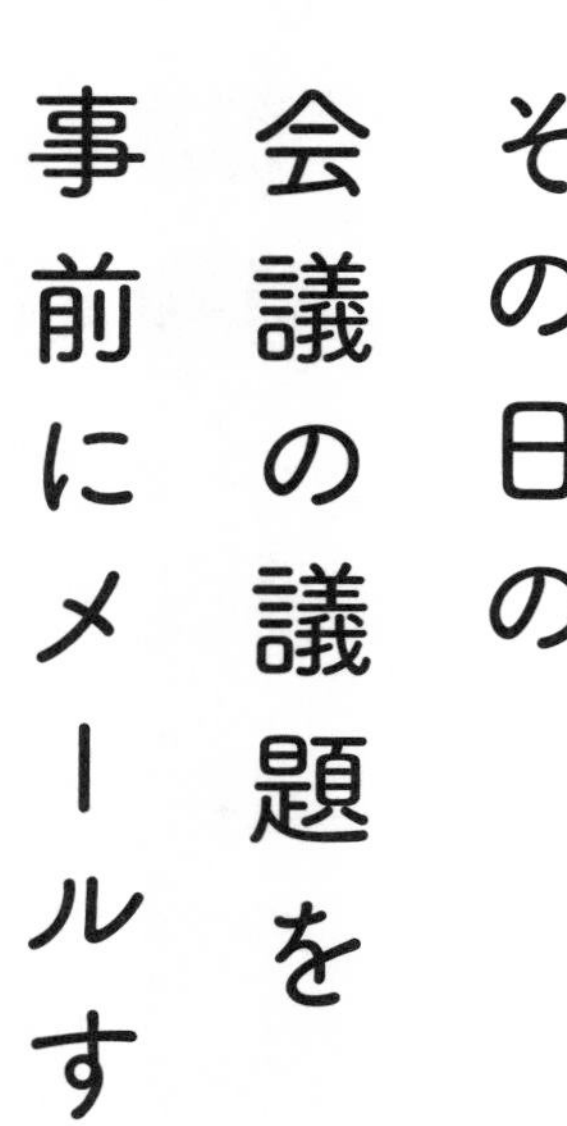

その日の会議の議題を事前にメールする

#仕事の進め方　#会議　#初歩期　#研鑽期

会議に出席したら、求められずとも自分の考えをその場で発言するのが理想だが、何らかの理由でそれがどうしても難しい場合は、発言する以外で会議に「参加」する方法を探してみよう。

たとえばその日の議題を考えて、最初にまとめて提示することだ。打ち合わせ中の発言ができなくても、会議全体の大きな舵取りを担うことができる。議題を整理することは、プロジェクトを正しく進行させることに貢献する、重要な仕事だ。

毎日会議がたくさん入っていると、その打ち合わせで議論するトピックや決定すべき事柄がわからなくなってしまう。そうすると、もちろん会議の全体の効率も落ちてしまう。あなたが会議中の発言をしなくても済む立場なのであればそれを利用して、少し俯瞰して会議全体の舵取りに回るのはひとつの手だ。**自分の役割は自分で探そう。**

もしあなたの他に会議の進行担当者がすでにいるのであれば、会議が行われるたびにその担当者に、あなたが想定している課題とその日の打ち合わせのゴールを事前にメールしておくのでもいい。それを繰り返すうちに、打ち合わせ中にその担当者から意見を求められるようになるかもしれない。また進行担当者そのものを任せられるかもしれない。簡単にできることから恥を乗り越えよう。

今すぐ実践できる恥のかき方

33/50

資料にする前にテキストで事前に送っておく

#仕事の進め方 #初歩期 #研鑽期

先輩や上司に共有するときの資料は、完成に近い状態にまでつくりこむ必要があると考えている人が多い。真面目な人ほど、上司や取引先に頼まれた仕事を「完璧」にこなそうとするのだ。途中段階の未完成な状態で人に見せることを恥と感じて、締め切りギリギリまで粘ってしまう。しかし、自分の100点と他人の100点は得てして違うものだ。提出してはじめて、依頼者とあなたの間に資料に関する大きな認識のズレがあったことが発覚して、大目玉を食らってしまう人も少なくない。

仕事は途中段階で見せることで互いのストレスが軽減できる。資料をつくる前にテキストで流れをつくってメールで確認するだけでも、事前にかなりのズレを減らすことができる。テキストベースであれば、確認指示する側もメールを返信するだけで済む。資料の状態になっていると、むしろ確認も修正指示にも手間がかかってしまうのだ。**完成度の高いきれいな資料にする前にテキストでメール確認することは失礼ではなく、むしろ相手の手間を減らすことにもなる。**

資料作成を依頼している時点で、依頼した側もまだ完成形が見えていない可能性が高い。事前に共有することではじめて、相手の頭の中の解像度が上がって整理されることもある。お互いのためにも、資料にしてしまう前に、途中段階でもいいから今考えていることをテキストで共有しよう。

今すぐ実践できる恥のかき方

34/50

自分の強みは自分で決めて公言する

#自分との向き合い方

#初歩期

#研鑽期

自分の強みを聞かれて、即答できる人はほとんどいない。就職活動の自己分析で頭を抱えた人も多かったに違いない。これは2つの大きな勘違いが原因となっている。

まずわたしたちは自分の強みを自分の中に探そうとするが、自分の強みは外から見たときにしか分からない。「役割」という言葉にするともう少し分かりやすいかもしれない。**周りの人に比べると自分はそれほど苦労なくできて、かつ周囲に感謝されることがないか**を考えてみよう。

次に、強みとは探して見つかるものではなく、自らつくるものだということ。すでにできることである必要はない。**自分で「この分野を鍛える」と決めて、そこに旗を立てよう**。強みを広言するのには勇気がいる。これから鍛えたいことを「強み」とするならなおさらだ。同じ業界の人たちにどう思われるのかと心配になるだろう。

でも大丈夫。まだできないようなことを「強み」と言っているような「雑魚」のことは、そもそも誰も気にも留めていない。旗を立てたばかりの自分のことなんて、誰の眼中にもない。一度そこに旗を立てることを決めたら勉強しよう。周りにいる誰よりも詳しくなる努力を続けていれば、今は誰にも知られずひっそりと立てたその旗は、いつか風にたなびく大きく立派な旗になる。

今すぐ実践できる恥のかき方

35/50

「やりたいこと」の前に「やってみたいこと」を口にする

#自分との向き合い方　#初歩期　#研鑽期

「やりたいことがない」という人は、やりたいことへのハードルを自分で上げている可能性がある。

いきなり「やりたいこと」が明確な人はほとんどいない。やりたいことは、皆に尊敬されるものである必要はない。まだ誰もやっていないことである必要もない。

まずは「やってみたいこと」でいいから口にしよう。いきなり「やりたいこと」を探そうとすると、「成し遂げたいこと」のように最初からハードルが上がってしまって最初の一歩も踏み出せなくなってしまう。「やってみたいこと」の中のいくつかに取り掛かっていくうちに、本気で取り組みたいことも見つかるだろう。言語化することで、自分の気持ちが明確になってゆくはずだ。

また公言することで、周りの人があなたに「やってみたいこと」のボールをパスしてくれる可能性だってある。仕事の場だけでなく、プライベートの場で話したことが後々仕事につながることもある。

おそらく多くの人が、このように「やりたいこと」を口にすることの大切さは理解しているはずだ。しかしそれでも実践できない理由は、恥がわたしたちを邪魔している。まずは自分のハードルを下げて、「やってみたいこと」から始めてみよう。

今すぐ実践できる恥のかき方

36/50

助けてくれた後輩へのお礼は人前で言う

#人付き合い　#熟練期

あなたが担当する取引先との仕事でトラブル発生。原因はあなたの準備不足にあったのだが、後輩にフォローしてもらってなんとか大事に至らずに済んだ。

そんなときあなたはどのような心境になるだろう。自分のせいでトラブルが起こっただけでなく後輩にフォローまでされてしまい、かっこ悪いところを見られたと恥ずかしい気持ちになるだろう。しかも大事な取引先の面前での失態だ。取引先の担当者にも「この人、後輩にフォローされてダメな先輩だな」と思われていないか不安になるだろう。しかしそんなときこそ、あなたの恥を乗り越えるチャンスだ。

自分のミスをフォローしてくれた後輩へのお礼は、勇気を出して人前で言おう。言い訳せず、自分のできなかったことを素直に認めて、ありがとうと伝えよう。それをあえて人前で行うことで、取引先からは二人がいいチームに見える。また後輩からも、自分の努力を認めてくれるいい先輩に見えるかもしれない。あなたが恥を乗り越えた瞬間は、ピンチがチャンスになる瞬間なのだ。

「先輩だから常に尊敬されなければならない」という呪縛から逃れることができれば、あなたの職場での気持ちもきっと少しラクになる。これからは新しいテクノロジーや流行など後輩のほうが詳しいことも増えてくる。先輩が常に教える立場にいるとは限らないのだ。この状況をポジティブに受け入れ、社内での関係性を見直そう。

今すぐ実践できる恥のかき方

37/50

後輩の活躍は上からではなく横から褒める

#人付き合い　#熟練期

取引先の前で、まず後輩に資料の説明をさせて、そのあとに「少し言葉が足りなかったので補足します」とすかさず後輩をフォローする。一見デキる先輩に見えるかもしれないが、このとき先輩は後輩の頑張りを無意識のうちに恥で塗りつぶしていることに、あなたは気づけただろうか。

僕はたくさんの先輩がこうしたセリフを言う場面を繰り返し見てきた。この状態になると後輩は萎縮し、そのあとの打ち合わせでほとんど発言しなくなる。後輩のためにと考えてとった行動が、裏目に出てしまうのだ。

努力した後輩のことは、面と向かって褒めよう。人を褒めるのは少し恥ずかしい。特に後輩の努力により成果が出たときには、自分が何もしていないのに後輩が自力で成し遂げたことが、うしろめたさや恥ずかしさとなってあなたを邪魔してくる。

後輩を褒める恥ずかしさを乗り越えよう。あなたからの言葉は、きっと後輩たちの次のチャレンジのエネルギーになる。人は褒められると頑張るのだ。

また褒めるときは言葉の向きに気をつけよう。「よく頑張った」「偉いな」は上からの言葉で、上下の人間関係を相手に強制する。それよりも「**すごいね**」「**さすがだね**」**という横からの言葉のほうが横の人間関係を構築しやすく、相手の心理的安全性も確保される**。

今すぐ実践できる恥のかき方

38/50

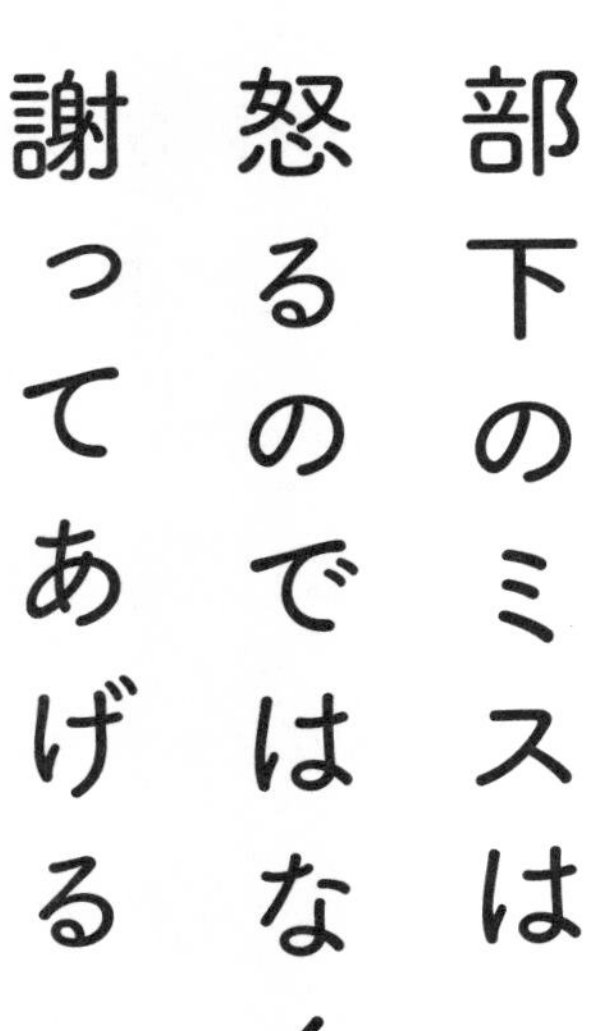

#人付き合い　#熟練期

部下がミスをしたときにあなたが怒るのは、部下のためではない。「分かっているのか、お前のために言ってるんだぞ？」といくら言っていたとしても、怒っている本当の理由は、部下があなたの基準を満たさない行動をしたからに他ならない。

あなたは長年の経験のなかで、自分だけでなく他人にも高い基準を要求し、その基準を満たせない相手を許せなくなってしまっている。あなたの常識が、他の人の常識とは限らないのだ。

自分の管理下にある部下がミスをしたとき、それはあなたの責任のはずだ。とくに人前で部下を叱ってはいけない。**人前で「わたしはまさに今、自分の部下に責任を押しつけています！」と言っているようなものだ。**心のどこかで、皆の前で叱責することであなたは自分の立場を示そうとしている。そして部下に恥を押しつけ、行動を萎縮させている。

このようなときは、怒りをぐっとこらえて謝ろう。ミスをしないように事前に確認をしなかった自分を詫びよう。後輩も自分のしたことを本当に悪いと思っていたら、怒られるよりも謝られたほうが身に染みるだろう。自分の不注意のせいで、先輩にこんなことをもう言わせてはならないと行動を改めるはずだ。**怒るよりも、謝ったほうが効き目がある。**

今すぐ実践できる恥のかき方

39/50

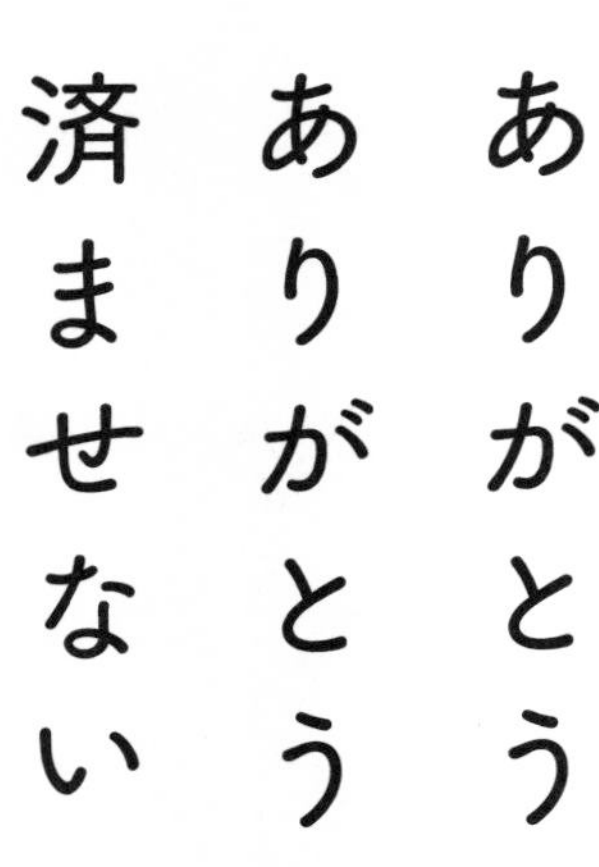

ありがとうをありがとうで済ませない

#人付き合い　#生活全般　#熟練期

感謝の気持ちを伝えるときに、「ありがとう」の言葉だけで済ませるのはやめよう。人は感謝を伝えるときに、恥ずかしさを覚える。それは自分の気持ちをさらけ出す行為だからだ。特に両親や家族など相手が身近であるほど照れくさいのは、何かをやってもらうことが日常的で当たり前になっていると、「改まって言うのも恥ずかしい」と感じてしまうからだ。

しかしそんな大切な相手にこそ、感謝の気持ちを具体的に伝えたい。

「ここ最近忙しかったから、手伝ってもらえて本当に助かった。ありがとう」と言われるのと、ただ「ありがとう」と言われるのでは、手伝った人はどちらのほうが「やってよかった」と思えるだろうか。ただあなたが感謝の言葉を具体的にするだけで、相手の達成感には大きな違いが出る。また何がありがたかったのかを具体的に伝えることで、自分が今置かれている状況や困りごとを同時に共有することもできる。感謝を具体的に伝えることは相手のためになるだけでなく、自分がより快適に生活することにもつながるのだ。

身近な人に感謝を伝えることは、恥ずかしい気持ちと引き換えに人を幸せにできる数少ない行動である。目の前の大切な人が、あなたのためにしてくれたことを想って恥をかこう。

今すぐ実践できる恥のかき方

40/50

良くない案は早めに捨てる勇気を持つ

#仕事の進め方　#会議　#熟練期

企画の打ち合わせで行われる最初の案出しを「ブレスト」という。皆の脳みそから嵐を起こすという意味の、ブレインストーミングの略だ。ブレストの基本ルールに「相手の出した意見を否定しない」というものがある。否定しないことで互いの心理的安全性を確保し、大胆な案を出せるようにすることが目的だが、一方で難点もある。ブレストの参加者が出した「嵐の種になりそうな案」と「嵐の種にならなさそうな案」を仕分けせずにいると、いつまでも作業が進まないのである。

不要な案を早めに捨てることができれば、嵐の種になりそうな案を磨くことだけにその後の時間を使うことができる。あなたが人の出した案を否定できないのは、ブレストのルールだけが理由ではない。恥も原因のひとつだ。単純に自分が嫌われたくないという側面と、人の案を否定したからには相手よりもいい案を出さないといけないというプレッシャーから、人の案を捨てることに躊躇してしまうのである。

他の人の案に対して自分が否定できない原因が、自分の恥かどうかを見極める癖をつけよう。否定することは「こっちではないからこっち」と指針を示すことでもある。良くないと思う案は、チームのためにも勇気をもって早めに捨てよう。

今すぐ実践できる恥のかき方

41/50

素直に知らないと答えて教えてもらう

#自分との向き合い方　#熟練期

たとえば、友人と音楽や映画などの趣味の話で盛り上がったとき。デートで食事に行って食べ物やお酒のオーダーをするとき。仕事で専門的用語やカタカナの飛び交う会話になったとき。反射的に知ったかぶりをしてしまうことはないだろうか。

わたしたちは自分が知らない状態に恥を感じ、格好をつけて知らないということを隠してしまう。知っているかのように振る舞うのは簡単だが、**知ったかぶりをするたびに、恥はわたしたちから「知る機会」を奪っていく**。せっかく知っている人に囲まれていたのに、あなたは教わるチャンスを目の前で逃したのだ。

知らないことをかっこ悪いと思っているかぎり、あなたはこの恥から逃れることはできない。さらに年を重ねるごとに、この「知らないことを恥ずかしい」と思う気持ちは強くなるだろう。知らない話題になるたびに、嘘をつき続ける。

この恥は、特に早く乗り越えたほうがいい。あのとき勇気を出して「それなんですか？」と聞くことができれば、あなたのお気に入りの音楽がひとつ増えていたかもしれない。好みのワインが見つかっていたかもしれない。新たな仕事との出会いが待っていたかもしれない。**知らないことを認めて質問したあなたは、無知で愚かな人ではなく、学ぼうという姿勢のある前向きな人に見える**。知らないことは、恥ずかしいことではない。恥は新しいことを学ぶためのコストなのだ。

今すぐ実践できる恥のかき方

42/50

イラッとする疑問をぶつけてくれる人を大事にする

#自分との向き合い方　#熟練期

仕事における、「こうあるべき」という理想や美学は、仕事の品質を高めるうえで必要だ。経験を重ねるごとにその解像度は上がり、自分自身を見る目も厳しくなっていく。

この「あるべき」は、あなたが自分にかけた「呪い」でもある。さらには自分の基準を満たしていない周りの人まで許せなくなってしまうのだ。「わたしはこんなに頑張っているのに、どうして期待に応えてくれないのか」と。

この「あるべき」という思い込みも恥と関係がある。基準を満たしていない自分が恥ずかしくて許せなくなってしまうのだ。これに縛られると、「あるべき」の外側にあるものを一律に切り捨ててしまう。そこに新しい可能性が隠れていたかもしれないのに。

一度落ち着いて、自分の「あるべき」を疑う目を持とう。自分の美学を書き出して客観的に見直してみよう。そして、なぜそうあるべきと思っているのか問い直すことで、原因になっている自分の恥や欲望を見つけることができる。

そして、**あなたに疑問をぶつけてくれる人がいたら、その人のことを大切にしよう。その人はあなたが自分のあるべきという呪いを解くきっかけをくれる救世主なのだ。**

年齢を重ねるごとに、その救世主はあなたの前に現れなくなる。

今すぐ実践できる恥のかき方

43/50

強がらずに相手の知恵も借りてみる

#自分との向き合い方

#熟練期

その仕事の経験が長くなればなるほど、間違ってはいけない、失敗してはいけないと自分で自分にプレッシャーをかけてしまう。その恐怖心から、知ったかぶりをしたり、間違えないように慎重になってしまうのだ。経験を重ねるほど「その場をやり過ごす技術」が身についてしまうという側面もある。

しかし、いつかその化けの皮が剥がれたときに、あなたはこれまでの信頼を失うことになる。つまり、取り繕うことは大きなリスクでもある。

プロフェッショナルの在り方を勘違いしてはいけない。**「その道のプロ」とは、「間違えない人」ではなく、「その領域で誰よりも恥をかいてきた人」のことだ。**事前にたくさん失敗を重ね、繰り返し恥をかいたことで、失敗を回避する能力が上がって、プロと呼ばれるようになっただけなのだ。失敗を知らないプロはいない。

自分を自分以上に大きく見せる必要はない。素直に自分の思っていることを話す癖をつけよう。もし一人で解決できそうになければ、相手を巻き込む勇気を持とう。

「おっしゃっていることと正直分からなくて、もう少し説明していただけますか？」

「ちょっと初めてのことなので困っているのですが、どうしたらいいと思いますか？」

と相手の知恵も借りることで一緒に解決できるかもしれない。プロだからと一人で背負い込む必要はないのだ。

今すぐ実践できる恥のかき方

44/50

人に任せたいことも
あえて自分で
やってみる

#自分との向き合い方　#熟練期

部下を持つようになると、時間のかかる作業や仕事を手の空いている後輩にやってもらうことも増えるだろう。人件費を考えると、コストの高い自分よりも後輩にやってもらうという判断は、組織としては至極真っ当だ。しかし作業を後輩に任せっきりにすると、自分自身に知見が貯まらないという問題が出てくる。**アウトソースし続けていると、ノウハウがたまらない**のだ。

特に自分の分からないことを人に任せるとラクにはなるが、その領域をあなたが理解できるようになる瞬間は永遠にやってこなくなってしまう。そしてその状況に慣れると、自分の知らないことを自分でやることそのものが怖くなってしまう。

自分でも手を動かしてみよう。後輩のほうが正確に素早く作業が進むかもしれない。その分野では、後輩よりも自分のほうができないことが露呈してしまうかもしれない。そして恥ずかしい気持ちになるかもしれない。それでも、自分でやってみよう。

一度手を動かしてみると、いい意味で自分ができないことが露呈する。できないことが分かると、できる人に教えてもらう必要が出てくる。アプリや機材の使い方、いまの流行。ときには後輩に教えてもらう先輩になったっていい。そうすることで後輩を尊重する気持ちも強くなるだろう。この瞬間が、恥を乗り越えるチャンスだ。

今すぐ実践できる恥のかき方

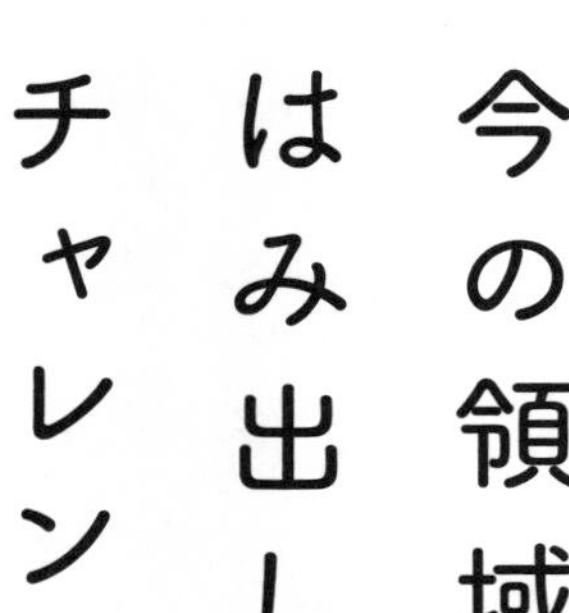

45/50

今の領域をはみ出してチャレンジしてみる

#自分との向き合い方　#熟練期

この恥が、熟練期最大の敵である。経験があるからこそ、他の新しいことにチャレンジすることが恥ずかしくなってしまう。実際、何かを達成した人としてその席に君臨しているほうが、自分の立場が守られてラクだという側面もある。

しかしこれからは、その席もいつまでその場所に存在しているか分からない。**自らその心地良い椅子から立ち上がり、別の椅子を探す旅に出る時期がいつかやってくる。**もう一度チャレンジャーになる恥をかけるかどうかが問われる瞬間だ。

何も椅子から飛び降りろと言うわけではない。少しずつ足を伸ばして、ちょっとだけ今の領域をはみ出すということを繰り返していけばいい。英語にはPush myself forwardという、自分で自分を前に押す（前進する）という言葉がある。自分の腕力は限られるが、その小さな力で自分の背中を少しずつ押してあげることが大切なのだ。

チャレンジが恥ずかしければ、誰にも知られないようにひっそりと始めてみるのもいいが、いっそのこと宣言してしまったほうがラクになれる。「40代会社員、陶芸を始める」「50代会社員、プログラミングスクールに通ってみた」など過程をSNSでコンテンツにしてしまうのもひとつの手だ。

このような発信をしてみると、自分を応援してくれる人とそうでない人が明確になるので、自分自身誰をこれから大切にしていけばいいか見極めることもできる。

今すぐ実践できる恥のかき方

46/50

多少派手でも好きな服を着て出かける

#自分との向き合い方　#日常生活　#初歩期　#研鑽期　#熟練期

服装と恥は切っても切り離せない密接な関係がある。TPOから外れていないか、周りからダサいと思われていないかと、鏡で自分の姿を見るたびにわたしたちは不安になってしまう。

個性の時代と言われつつも、今もSNSを見ると同じような服の写真で溢れかえっている。好きで着ているのならいいが、周りの目を意識してそれらを着ているかぎり、これからもずっと「ダサく見られたくない」という気持ちで服を選び続けなければいけなくなる。それではファッションが苦痛になってしまう。

好きな服を着るのは、恥への免疫力を高めるのに有効な方法のひとつである。周りに合わせずに自分の好きな服を着るには勇気が必要なのだ。赤いニットを着れば「今日はサンタがいるなあ」、迷彩柄を着れば「どこに戦いに行くの？」と、派手な服を着ていくと必ず茶化してくる人が現れる。

人を茶化すのは、人に恥を押しつける罪深い行為である。もし自分が茶化されたら、そんなくだらないツッコミは上手に打ち返そう。「そんな悪い子にはプレゼントあげませんよ！」「今日は大事な戦いだと聞いてたので」。これくらい返せるようになると、恥を乗り越えて堂々と派手な服も着ることができる。目立つ服を着ることは、自分を恥に慣らすための特訓になる。

今すぐ実践できる恥のかき方

47/50

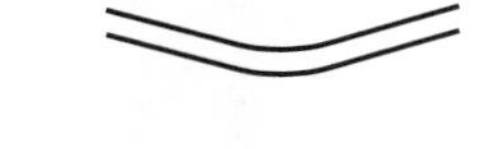

誰にも言わずにひっそりと始めてみる

#自分との向き合い方　#初歩期　#研鑽期　#熟練期

わたしたちが目にするものの大半は、すでに成功した状態にある。きれいに咲いた花を道端で見つけたとき、いきなりその花が咲いたかのように錯覚してしまうが、その花はもちろん突然咲いたわけではない。地面の中で張っていた根から芽が出て、茎が伸びて、それから花をつけたのだ。同じように、他人の成果も、突然成功したように錯覚しがちだが、その前にひっそりと努力を重ねていた時期があることを忘れてはいけない。

何事も最初から大きな効果や成果を期待してはいけない。 しかし自分の取り組みに成果が出ていないことを人に知られるのも恥ずかしいものである。そういうときは、ひっそりと始めよう。最初は小規模でも、世の中のリアクションがなくても、まずやってみることが大切だ。ひっそりと始めることで、自分へのハードルを下げることができる。

ただでさえ心理的ハードルの高い最初の一歩に、大きな目標を立てるのは逆効果だ。誰にも知られず始めれば、皆に知られる頃には大きな成果が出ているかもしれないし、情熱が続かなければ、そのままひっそりと止めてしまってもいい。うまくいかなかったにしても、あなたには「勇気を出してやってみた」という貴重な経験が残るのだ。

今すぐ実践できる恥のかき方

48/50

準備ができていなくてもまず始めてみる

#自分との向き合い方
#初歩期
#研鑽期
#熟練期

何かを成功させるためには、始める前に十分な準備が必要だと誰しも思うだろう。たしかに十分な準備ができていれば、失敗の確率は減り、成功の確率は高まるかもしれない。しかし「十分な準備」を追い求めるあまり、なかなか行動を始められないようでは元も子もない。新しいことにチャレンジしようとすると「まだできていない自分をさらけ出す恥」があなたの邪魔をする。その恥があなたに入念な準備をさせようとするのである。

行動を始める前に自分ができる準備など、たかが知れている。なぜなら本当に必要な「準備」は、その行動をやってみた人でないと分からないからである。**この世に「完璧な準備」など存在しない**。いまや準備と本番に境目はどんどんなくなっている。製品の発売前にたくさんのレビューがネットに溢れ、新しいサービスもベータ版としてユーザーテストを行ってから公開される。

何事もまずは試しにやってみるくらいの気持ちで向き合うのがちょうどいい。オーバースペックな装備は、最初の一歩を踏み出すには扱いきれず、むしろ邪魔になることもある。始める前の準備はできていなくてもいい。走りながら必要なものを揃えていったほうが、無駄な準備も必要ない。どうせ完璧な準備などできないのだから。

今すぐ実践できる恥のかき方

49/50

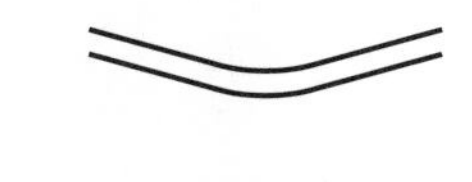

みんなが避けることをあえてやってみる

#自分との向き合い方

#初歩期

#研鑽期

#熟練期

新しいことにチャレンジする前にふと周囲を見まわすと、「できていないのは私だけじゃない」ということに気づいて、心のどこかで安心してしまう。**皆ができていないことに安堵してはいけない。それは同時にチャンスでもあるのだ。**

わたしたちは皆同じように恥を回避しようと行動する。つまりあなたが恥ずかしいという気持ちから避けようとした行動は、同じように誰もが避けようとする行動なのだ。だとすると、本当は需要があるのに、その席がまだぽっかり空いている可能性がある。あなたがもし恥を感じる選択肢があったとしたら、それは大きなチャンスかもしれない。**誰も座りたがらないその空席に、勇気を出して一番最初に座るだけでいい。**恥ずかしいという気持ちを、チャンスを見つける目印にしよう。

誰もまだやっていないことをやるのは、目立つから恥ずかしい。だからこそ、勇気を出した人が一番最初の人になれる可能性がある。今やユーチューバーも職業として定着したが、周りが恥ずかしがってやらなかった動画を誰よりも早く撮影して世界中に公開していた人たちが、トップユーチューバーになっている。芸能人の参入も増えて視聴者の取り合いが起きているために、一般人が今から始めるのは苦戦が強いられる。皆が恥ずかしがってできていないことは、早めに始めるだけでも大きなアドバンテージになる。あなたが恥ずかしいと感じたら、それはチャンスだ。

今すぐ実践できる恥のかき方

50/50

迷ったら恥ずかしいほうを選ぶ

#自分との向き合い方

#初歩期

#研鑽期

#熟練期

わたしたちは日常生活において、無意識的に恥を回避するように行動している。できることなら皆、恥をかかないように生きていたいのだ。それは恥がストレスの原因になるからである。

電車で席を譲るか、スマホに目を落とすか。困っていそうな人に声をかけるか、家路を急ぐか。会議で考えたことを発言するか、皆の様子を伺うか——このような日々の選択の連続の中で、恥を感じるほうの行動を避けてしまう。恥を回避する結果、成果が得られそうな「積極的選択肢」が見えていたりしたとしても、その中に恥が潜んでいることを察知すると、なるべく恥を感じないほうを生理的に選んでしまうのである。恥はわたしたちの判断する目を曇らせてしまう。

そこでこれを逆手にとろう。迷ったら恥ずかしいほうを選んでみよう。恥を目印にしよう。**「迷ったときは、恥ずかしいと思うほうを選ぶ」ことを自分のマイルールにするだけで、行動するときに積極的チャレンジを選べるようになる。**

恥を感じるほうを選択するだけで、あなたは席を譲れるようになり、困っていそうな人に声をかけられるようになり、会議で発言できるようになる。これは、**つい反射的に恥を回避しようとしてしまう無難な自分の殻を破るためのコツ**だ。

おわりに

この本を通してチャレンジしたかったのは、恥という一見ネガティブに見える感情をポジティブに捉え直すことができないかということです。誰でも恥ずかしい思いをするのは嫌です。しかしその恥を乗り越えた瞬間に、はじめてチャンスが目の前に表れるということに、十年間、広告の仕事をしている中で気づきました。だとすると、恥はチャンスを見つけるための目印になるかもしれない。そう思ったのです。

何より、数多あるたくさんの本の中から、この本を手にとっていただきありがとうございました。この本を書く決意が固まったのは、新入社員と先輩との打ち合わせで見た光景がきっかけです。そして何よりも、恥に囚われて最初の一歩目がずっと踏み出せずにいた十年前の自分に宛てて書きました。ここに書いたことを当時の自分が理解実践できていれば、もっと仕事で成果が出せていたかもしれません。恥への免疫がついていたら、つかみとれたチャンスはもっとたくさんあったと思います。でも後ろを振り返っても仕方ありません。恥への免疫を高めて、これからの人生で恥を迎え撃てばいいのです。そして恥に邪魔されない選択ができるようになればいいのです。

恥ずかしい思いをすることとは、社会でいろいろな人とかかわって生きていくうえで避けては通れません。しかし恥ずかしいのはあなたのせいではない。恥は周りから押しつけられるのです。そしてわたしたちが最も避けなければいけないことは、人に恥を押しつけることです。自分が恥を避けることはできませんが、人に恥を押しつけないようにすることはできます。


僕は「達成」と「幸福」は別物だと思っています。周りからは「成功している」ように見えても、その人が幸福かどうかは誰にもわかりません。そして逆も然り。わたしたちは恥に支配されると、自分のことしか考えられなくなってしまいます。自分が人からどう見られているかという意識から、自分中心の考えになってしまうのです。

自分主体で周りを見渡すと、人の嫌な部分しか目に入らなくなります。自分にとってメリットにならない人が敵に見えてしまうからです。恥を克服できると、幸福度があがります。それは他人と自分を比較することからの解放、そして理想の自分という呪いからの解放を意味します。

本書を書き進めていくうえで感じたのは、「恥ずかしい」という感情の面白さです。人間だけに備わった、考えれば考えるほど不思議な感情です。直面しているときは人生を支配するほど大きな悩みにもなりますが、一度その恥ずかしい状況を客観的に見てみると笑えてくるのです。そして自分の恥を笑えるようになった瞬間に、その恥はもうネガティブな感情ではなくなっています。悩みの原因だったはずの恥が、視点を変えるだけでポジティブな笑いに変わるのです。

今の世の中、何を言うか以上に、誰が言うかが重要視されます。僕みたいな無名の若者が何を言ったって誰も興味がないのではないか。そう思って行動しないのは簡単です。でも僕は信じています。打ち合わせで一緒になった新入社員のような、十年前の自分のような、恥におびえて最初の一歩を踏み出せない人が、一人でもこの本を読んで恥から自由になれることを。

約2年にわたり、企画から寄り添っていただいた編集者の千葉正幸さんと林拓馬さん。数々のアドバイスをいただいた梅田悟司さんに感謝の気持ちを伝えたいと思います。そして十年間仕事でかかわったすべての人に、ありがとうとごめんなさいを言いたいです。自分の恥ずかしがりな性格のせいでたくさんのご迷惑をかけたと思います。育ててくれた父、母そして妹にも感謝を伝えたいです。休日も使って仕事の合間を縫って執筆を進めることを応援してくれた妻の麻佑ちゃん、ありがとう。先月生まれた息子の暖にも、恥に縛られずにのびのびと育ってほしいと思います。

2021年5月9日
中川諒

【お願い】

最後に恥を忍んで、僕から皆さんにお願いがあります。

この本の感想を、①本の表紙の写真と、②ハッシュタグ「#恥をかける人」とともに、ツイッターなどのSNSで投稿してください。ちなみに僕のツイッターアカウントは@ryonotrioです。

感想をネットに上げるなんて恥ずかしいと思われるかもしれません。でもその恥を乗り越えた行動が、同じように恥ずかしがりの人を救うきっかけになるかもしれません。

理想の自分の姿

原因

例 頭のいい人だと思われたい。

「こう見られたい」もしくは「こうありたい」

こういう理想があるからこれを恥と感じる

目標の前に立ちはだかる恥

結果

例 人のたくさんいる打ち合わせで
自分の考えを話すのが恥ずかしい。

この恥を克服するにはこういう行動をするのがよさそうだ

恥を克服するために考えうる行動案

対応策

例
- アジェンダを自分がつくって事前に自分の考えを入れる。
- 書記を申し出て、書記をしながら自分の考えを盛り込む。
- 口に出すのが難しければ、
  案を打ち合わせメモとして紙に出力して配布する。
- 打ち合わせの決定権を持つ人に事前に自分の考えを送る。
- 「バカバカしい案なんですけど～」と前フリを入れてから説明する。
- 人の考えに同意したうえで自分の考えも上乗せする。

客観的に自分の恥の正体を分析してみよう!

恥克服ワークシート

3つのルール

1

自分が苦手意識を持っていたり、
克服できるといいなと思っている恥を
真ん中に書いてみよう。
そしてその恥の原因となっている自分の
「理想」について書き出してみよう。

2

その恥に対する行動案を思いつく限り書き出してみよう。
一度書き出すことで客観的になれる。
自分だけが分かればいい。
誰からも共感を得られなくてもいい。人の真似でもいい。

3

書き出した行動案から自分が無理せずできそうなことを
ひとつ選んで、まずは一週間やってみよう。

購入特典

本書掲載の「恥克服ワークシート」は
下記のQRコードからダウンロードできます。

URL

https://d21.co.jp/special/hajiwokakeru

ログインID

discover2742

ログインパスワード

hajiwokakeru

いくつになっても恥をかける人になる

発行日　2021年6月25日　第1刷

Author　中川諒

Book Designer　カバーデザイン　井上新八
本文デザイン＋DTP　岩永香穂（MOAI）

Publication　株式会社ディスカヴァー・トゥエンティワン
〒102-0093　東京都千代田区平河町2-16-1 平河町森タワー11F
TEL　03-3237-8321（代表）03-3237-8345（営業）
FAX　03-3237-8323
https://d21.co.jp/

Publisher　谷口奈緒美
Editor　千葉正幸

Store Sales Company
梅本翔太 飯田智樹 古矢薫 佐藤昌幸 青木翔平 青木涼馬 小木曽礼丈 越智佳南子 小山怜那 川本寛子 佐竹祐哉 佐藤淳基 副島杏南 竹内大貴 津野主揮 直林実咲 中西花 野村美空 廣内悠理 高原未来子 井澤徳子 藤井かおり 藤井多穂子 町田加奈子

Online Sales Company
三輪真也 榊原僚 磯部隆 伊東佑真 大崎双葉 川島理 高橋雛乃 滝口景太郎 宮田有利子 八木眸 石橋佐知子

Product Company
大山聡子 大竹朝子 岡本典子 小関勝則 千葉正幸 原典宏 藤田浩芳 王廳 小田木もも 倉田華 佐々木玲奈 佐藤サラ圭 志摩麻衣 杉田彰子 辰巳佳衣 谷中卓 橋本莉奈 牧野類 三谷祐一 元木優子 安永姫菜 山中麻吏 渡辺基志 安達正 小石亜季 伊藤香 葛目美枝子 鈴木洋子 畑野衣見

Business Solution Company
蛯原昇 安永智洋 志摩晃司 早水真吾 野﨑竜海 野中保奈美 野村美紀 羽地夕夏 林秀樹 三角真穂 南健一 松ノ下直輝 村尾純司

Ebook Company
松原史与志 中島俊平 越野志絵良 斎藤悠人 庄司知世 西川なつか 小田孝文 中澤泰宏 俵敬子

Corporate Design Group
大星多聞 堀部直人 村松伸哉 岡村浩明 井筒浩 井上竜之介 奥田千晶 田中亜紀 福永友紀 山田諭志 池田望 石光まゆ子 齋藤朋子 福田章平 丸山香織 宮崎陽子 岩城萌花 内堀瑞穂 大竹美和 巽菜香 田中真悠 田山礼真 常角洋 永尾祐人 平池輝 星明里 松川実夏 森脇隆登

Proofreader　株式会社T&K
Printing　日経印刷株式会社

https://d21.co.jp/inquiry/
ISBN978-4-7993-2742-5